Sección de Obras de Economía Latinoamericana

MÉXICO EN LA GLOBALIZACIÓN

MÉXICO EN LA GLOBALIZACIÓN

*Condiciones y requisitos
de un desarrollo sustentable y equitativo*

INFORME DE LA SECCIÓN MEXICANA DEL CLUB DE ROMA

Víctor L. Urquidi
(coordinador)

FONDO DE CULTURA ECONÓMICA
MÉXICO

Primera edición,   1996
Cuarta reimpresión, 2005

Urquidi, Víctor L. (coord.)
   México en la globalización. Condiciones y requisitos
de un desarrollo sustentable y equitativo. Informe de la
Sección Mexicana del Club de Roma / coordinador
Víctor L. Urquidi. — México : FCE, 1996.
   223 p. ; 21 × 14 cm — (Colec. Economía)
   ISBN 968-16-5084-0

   1. México — Desarrollo económico 2. México —
Desarrollo económico 3. Globalización I. Ser. II. t.

LC HC140 .E5   Dewey 337 U878m

Distribución mundial

Comentarios y sugerencias: editorial@fondodeculturaeconomica.com
www.fondodeculturaeconomica.com
Tel. (55)5227-4672 Fax (55)5227-4694

D. R. © 1996, Fondo de Cultura Económica
Carretera Picacho-Ajusco 227; 14200 México, D. F.

Se prohíbe la reproducción total o parcial de esta obra
—incluido el diseño tipográfico y de portada—,
sea cual fuere el medio, electrónico o mecánico,
sin el consentimiento por escrito del editor.

ISBN 968-16-5084-0

Impreso en México • *Printed in Mexico*

ÍNDICE

Introducción 11

Primera Parte
I. LA PERSPECTIVA GLOBAL

I. *La situación general y la perspectiva a corto y a mediano plazo* 19
   1.1. La incertidumbre internacional 19
       1.1.1. Aspectos políticos generales............. 19
       1.1.2. El dividendo de la paz................... 26
       1.1.3. La economía mundial y el desarrollo ... 28
       1.1.4. Los agrupamientos económicos regionales 39
       1.1.5. El deterioro ambiental 43
       1.1.6. La perspectiva demográfica............. 52
       1.1.7. La situación y perspectiva sociales...... 55
       1.1.8. Nacionalismo e identidad cultural 64
II. *La perspectiva de nuevas institucionalizaciones* ... 67
   2.1 La esfera política 67
       2.1.1. Los regímenes democráticos y su problemática....................................... 67
       2.1.2. Las Naciones Unidas y el multilateralismo 71
       2.1.3. La cuestión de la soberanía 74
   2.2 Economía y medio ambiente.................... 77
       2.2.1. La cooperación económica.............. 77
       2.2.2. El desarrollo sustentable y la energía ... 83
   2.3. Aspectos sociales y culturales 94
       2.3.1. La población, la pobreza y la marginalidad 94
       2.3.2. Cooperación en materia de educación, ciencia y tecnología y salud.................... 97
       2.3.3. La interdependencia cultural............ 103
       2.3.4. Los medios de comunicación 112
   2.4. Nota sobre el largo plazo 112

Segunda Parte
MÉXICO Y EL DESARROLLO SUSTENTABLE CON EQUIDAD

III. *El ámbito político*	119
Introducción	119
3.1. Caracterización de la dimensión política del desarrollo sustentable	119
3.1.1. Influencia de la globalización	119
3.1.2. Caracterización de la política	120
3.1.3. Elementos del análisis político	121
3.1.4. La dimensión política del desarrollo sustentable	122
3.2. La dimensión política a nivel nacional	124
3.3. Liberalización y democratización	126
3.3.1. La liberalización	127
3.3.2. Hacia la democratización	128
3.3.3. En busca de la gobernabilidad democrática	129
3.4. Interrelaciones entre los niveles nacional e internacional	132
3.4.1. La influencia internacional en el contexto nacional	132
3.4.2 El efecto de lo nacional en el contexto global	133
IV. *La estrategia económica*	135
Introducción	135
4.1. El desarrollo económico de México hasta 1994	136
4.1.1. La primera transformación (1950-1980)	136
4.1.2. La segunda transformación (1983-1994) y la crisis de 1995	138
4.2. La economía mexicana considerada como base para un desarrollo sustentable	141
4.2.1. La situación actual	141
4.2.2. El desarrollo y el medio ambiente	143
4.3. Conservación de los recursos naturales	148
4.4. Requisitos económicos del desarrollo sustentable	149
4.5. El papel del Estado en el desarrollo sustentable	153
4.6. México y la globalización económica	155

V. *La problemática social* 158
   Introducción 158
   5.1. La desigualdad y la marginación en México como problema social preeminente 159
   5.2. La perspectiva demográfica en México 162
   5.3. La migración al exterior....................... 166
   5.4. Otros aspectos de la problemática social 168
   5.5. Política social................................ 172
VI. *El ámbito de la educación*.......................... 174
   Introducción 174
   6.1. El diagnóstico 175
   6.2. Las reformas educativas recientes 176
   6.3. Los elementos de una educación del futuro ... 178
   6.4. La educación básica.......................... 180
   6.5. Capacitación para el trabajo 187
   6.6. La educación media 189
   6.7. La educación impartida por el sector privado 190
   6.8. La educación superior......................... 192
   6.9. Industria editorial, publicaciones y bibliotecas 195
   Corolario 196
VII. *La dimensión cultural*............................. 199
   Introducción 199
   7.1. La dimensión cultural del desarrollo de México 199
      7.1.1. Cultura y medios de comunicación...... 201
      7.1.2. Cultura y democracia 202
      7.1.3. Cultura y políticas gubernamentales 203
   7.2. La dimensión cultural nacional frente a la internacional 203

Anexos

Anexo 1. Bibliografía 211
   Temas globales 211
   Temas nacionales.................................... 216
Anexo 2. Integración de los grupos de trabajo............. 219
Anexo 3. Lista de siglas.................................. 221
Anexo 4. Sección Mexicana del Club de Roma, A. C. 223

INTRODUCCIÓN

La Sección Mexicana del Club de Roma, creada en abril de 1991, ha tenido por objeto, entre otras cosas:[1]

i) contribuir al conocimiento y comprensión de los problemas de la sociedad moderna, considerados en su conjunto y teniendo en cuenta especialmente los aspectos que interesen o afecten a la totalidad o a grandes partes de la humanidad...;

ii) reforzar la toma de conciencia por la opinión pública mexicana... respecto de tales problemas...;

iii) promover el estudio y la reflexión por parte de la opinión pública y de los medios científicos, intelectuales y políticos mexicanos para procurar que se desarrollen nuevas políticas, actitudes y modos de acción que favorezcan el desenvolvimiento futuro de la humanidad en un contexto de paz mundial, justicia y bienestar individual y social;

iv) estimular y dirigir estudios e investigaciones sobre los diferentes problemas del bienestar humano y sugerir fórmulas alternativas para [su] posible solución;

v) proporcionar asesoramiento científico y técnico a las entidades e instituciones públicas o privadas que estén interesadas en la identificación de aquellos aspectos de los problemas mundiales que más afecten o puedan afectar a la sociedad mexicana...

La Sección se inspiró especialmente en la obra anterior del Club de Roma, fundado en 1968, sobre la problemática global, debida a la luminosa visión de Aurelio Peccei y un pequeño grupo inicial de colaboradores. En 1974, el presidente de México, Luis Echeverría, participó en una reunión de jefes de Estado y de gobierno convocada por el Club de Roma en Salzburgo, Austria. En 1975 se llevó a cabo una reunión de seguimiento en Guanajuato, México. Miembros mexicanos del Club han asistido a muchas de las reuniones anuales del mismo, así como a las regionales. En la reunión latinoameri-

---

[1] Acta Constitutiva de la Sección Mexicana del Club de Roma, A. C., junio de 1993, con base en el artículo 2.

cana llevada a cabo en Montevideo y Punta del Este en noviembre de 1991 se presentó un primer informe de actividades de la Sección Mexicana, y se han remitido informes sucesivos a las reuniones latinoamericanas verificadas en Kuala Lumpur en 1992, Hannover, Alemania, en 1993 y Buenos Aires en 1994. La Sección Mexicana ha mantenido contacto con la Asociación de los Estados Unidos pro Club de Roma (USACOR) y con la Asociación Canadiense pro Club de Roma (CACOR).

La Sección Mexicana decidió en una primera etapa organizar reuniones, de las que algunas se efectuarían en colaboración con el Centro Tepoztlán, A. C. sobre diversos temas de la problemática global. Se había publicado un nuevo estudio del Club de Roma, elaborado en 1990 y titulado *The First Global Revolution*, de Alexander King y Bertrand Schneider, que a partir de 1991 empezó a difundirse en español y varias otras lenguas.[2] Los temas tratados en las reuniones de la Sección Mexicana se refirieron en especial al medio ambiente y el desarrollo sustentable, en vista de la publicación en años anteriores del informe de la Comisión Mundial del Medio Ambiente y el Desarrollo (la Comisión Brundtland), *Nuestro futuro común*,[3] y ante la proximidad de la Conferencia de las Naciones Unidas sobre Medio Ambiente y Desarrollo, que habría de llevarse a cabo en Rio de Janeiro en junio de 1992. Se llevaron a cabo asimismo reuniones sobre el concepto moderno de soberanía y sobre educación. Los debates en torno de estos temas se publicaron en su oportunidad en la revista *Este País*.

En 1993, la Sección Mexicana, por medio de su Consejo Directivo, después de efectuar varias reuniones con el fin de definir adecuadamente la temática, consideró conveniente la elaboración de un estudio que, en el marco de la problemática global, examinara las consecuencias de este proceso para México y, a su vez, las tendencias en los ámbitos político, económico, social, educativo y cultural del país. Se encomendó a varios de sus miembros, organizados en grupos de traba-

---

[2] Alexander King y Bertrand Schneider, *La primera revolución mundial: Informe del Consejo del Club de Roma*, edición en España de Plaza y Janés y edición para México, los Estados Unidos y Latinoamérica del Fondo de Cultura Económica, Colección Popular, México, septiembre de 1991, 329 pp.

[3] Comisión Mundial del Medio Ambiente y el Desarrollo, *Nuestro futuro común*, Madrid, Alianza Editorial, 1987.

jo y con un coordinador general, llevar a cabo los estudios necesarios durante el año de 1994 y los primeros meses de 1995. A fines de 1995 se elaboró un primer borrador integrado y en mayo de 1996 se preparó una versión ampliada y corregida. El estudio que ahora se presenta, titulado *México en la globalización: condiciones y requisitos de un desarrollo sustentable y equitativo*, constituye la tercera versión, que incorpora, como la anterior, sugerencias y adiciones de varios de los miembros del Consejo Directivo.

El estudio se divide en dos partes: la primera, sobre "La perspectiva global", y la segunda, sobre "México y el desarrollo sustentable con equidad".

Al emprenderse este estudio y a medida que se desarrollaba se hizo evidente que resultaba menos difícil tratar las perspectivas globales que las mexicanas. En primer lugar, porque se dispone de gran número de informes y estudios de origen internacional sobre la globalización y sus perspectivas, así como de las experiencias y expectativas de distintas regiones y lo que podría esperarse si prevalecen las tendencias presentes, aun teniendo en cuenta cambios y reacomodos a nivel global.[4]

En segundo término, porque en México no se ha practicado de manera sistemática ni sistémica el estudio multidisciplinario de la prospectiva a largo plazo en relación con el país, por más que existan estudios y resultados de investigaciones, seminarios y reuniones de indudable utilidad, que abarcan una diversidad de temas pero que no consideran de manera adecuada el gran conjunto ni lo relacionan con la perspectiva global. Se dispone, por ejemplo, de proyecciones demográficas, así como de algunas sectoriales, pero desconectadas en gran parte del conjunto o de la perspectiva de otros sectores, y en todo caso un tanto mecánicas, no de evaluación.

Para los fines presentes se decidió no hacer ningún intento predictivo, sino evaluar la situación y las tendencias y problemas con la información disponible, descansando en los conocimientos de los miembros que integraron los grupos de trabajo. Dichos grupos, apoyados en cada caso por inves-

[4] Se dispone de una amplia bibliografía sobre el particular, de la que se presenta una selección en el Anexo 1.

tigadores auxiliares y consultores, recabaron información, hicieron diagnósticos y redactaron los primeros borradores.[5]

Fue inevitable que los grupos iniciaran sus labores teniendo como referencia consideraciones preliminares y esquemáticas de la problemática y de las perspectivas globales, ya que al mismo tiempo se estaba trabajando en estos últimos aspectos. Así, en algunos casos añadieron sus propias evaluaciones y consideraciones de lo global como marco de referencia para la primera versión de los textos relativos a la perspectiva nacional en cada uno de los ámbitos: el político, el económico, el social, el educativo y el cultural. Cada grupo hizo además su propia definición e interpretación del concepto de "desarrollo sustentable" y relacionó lo global con lo local (México) en términos de su definición. Correspondió al coordinador general integrar algunas partes de los distintos textos con el borrador de la perspectiva global, su articulación y una primera revisión editorial.

Se tiene conciencia de que el horizonte de perspectiva en México no suele ir más allá de unos cinco a 10 años, por lo que en las etapas de seguimiento del presente estudio debiera haber oportunidad de desarrollar las perspectivas y alternativas nacionales a mayores plazos y con mayor detalle. Ello podrá llevar a posibles variaciones en las conclusiones preliminares a que se pueda llegar en el conjunto, algunas de las cuales están planteadas o esbozadas en los diferentes capítulos de las dos partes de esta obra.

La idea de que México pudiera estar en el umbral de una política de desarrollo sustentable no parece aún realista, sobre todo a la luz del relativo estancamiento de su economía en los últimos 14 años, de la creciente desigualdad social que prevalece y del fuerte descenso del PIB durante 1995 y la primera mitad de 1996, además de los graves problemas de ajuste de las cuentas financieras externas y, por otro lado, de la carencia de perspectivas de empleo para un contingente laboral que sigue aumentando a razón de 3.3% al año.

El objetivo fundamental de este estudio es estimular el pensamiento acerca de la prospectiva de México en el siglo XXI,

---

[5] Véase una lista de los integrantes de los grupos de trabajo y sus colaboradores en el Anexo 2.

tanto en lo económico, social y cultural como en lo político, e incitar a personas de múltiples disciplinas y posiciones en la vida activa a reflexionar sobre esa problemática. Desde muchos puntos de vista no se trata de un estudio acabado, sino de una interpretación de las tendencias y los posibles escenarios globales dentro de los cuales puedan preverse alternativas más positivas para México. Tampoco representa una visión única ni un consenso de los miembros de la Sección Mexicana del Club de Roma ni de las personas que intervinieron en la redacción final. Ha sido un trabajo de conjunto que, sin comprometer a nadie en lo particular, expresa no obstante un sentir común.

VÍCTOR L. URQUIDI †
Coordinador general

10 de agosto de 1996

El doctor Víctor L. Urquidi falleció el 24 de agosto de 2004.

PRIMERA PARTE
LA PERSPECTIVA GLOBAL

I. LA SITUACIÓN GENERAL Y LA PERSPECTIVA A CORTO Y A MEDIANO PLAZO

1.1. La incertidumbre internacional

1.1.1. *Aspectos políticos generales*

En toda consideración prospectiva, dados ciertos condicionantes que puedan encontrarse en los aspectos económicos, sociales, educativos y culturales —y hoy día, cada vez más, en los demográficos y los ambientales—, procede empezar por los aspectos políticos, menos sujetos a esas limitaciones. Puede suponerse, por lo menos, que los objetivos políticos globales, hasta donde puedan percibirse, así como los regionales y ciertamente los nacionales, se corresponden con visiones e ideologías, frecuentemente incompletas o desfasadas de la realidad, y con programas de gobierno o de partidos o coaliciones forjados en función del poder a corto plazo o de lineamientos de poderío nacional a largo plazo.

Sea como fuere, lo que ha privado en los últimos años es la incertidumbre, en particular a partir de la caída del Muro de Berlín en 1989 y la disolución en 1991 de la Unión Soviética y su Imperio como baluarte de la organización socialista-comunista. Desaparecido este extremo de la bipolaridad reinante hasta entonces, y salvo excepciones como China, Corea del Norte, Vietnam, Myanmar, la ex Yugoslavia, Cuba, Irán, Iraq y otras menores, la organización política mundial se ha centrado en el cumplimiento de los principios establecidos en la Carta de las Naciones Unidas de 1945 y en modalidades impuestas en gran parte por el otro polo, los Estados Unidos, al que han estado asociados los países de Europa occidental y en menor grado otros miembros de la OCDE,[1] notablemente Japón, Canadá y Australia, así como los países nórdicos.

[1] Véase en el Anexo 3 una lista de las siglas más utilizadas en este estudio.

La situación de la República Popular de China y algunas otras de las excepciones mencionadas requiere consideración aparte en tanto son formalmente regímenes comunistas en los que, con algunos rasgos particulares y diversas extensiones hacia la economía de mercado como mecanismo auxiliar destinado a facilitar o hacer posibles las exportaciones, imperan los sistemas económicos de planificación central. Estos países tienen características propias y, por otra parte, con la excepción de Iraq, no han presentado enfrentamientos constantes en los últimos años, sobre todo de carácter militar, con el polo "occidental".

Los países de América Latina, exceptuando a Cuba, han estado situados en los mismos cánones de la Carta de las Naciones Unidas que el resto de los países "occidentales", aun cuando en varios imperan todavía sistemas autoritarios en que los procesos electorales adolecen de corrupción, los sistemas judiciales carecen de independencia, se conculcan los derechos humanos, no priva el respeto a la ley, y en varios casos se pone en duda el régimen de derecho que suponen las Constituciones. No obstante, en épocas recientes se han dado algunos ejemplos de transición a situaciones que rebasan la democracia puramente formal y significan pasos importantes hacia la preeminencia de regímenes de democracia representativa y de participación.

Los países del norte de África y de la zona subsahariana, entre los que figuran antiguas dependencias coloniales y en algunos casos naciones independientes de larga historia, han evolucionado considerablemente del clientelismo de las dos potencias ex bipolares a situaciones de transición a la democracia, aun cuando con permanencia en muchos casos de gobiernos dictatoriales y violadores de los derechos humanos. Algunos, sobre todo en el África del Mediterráneo, mantienen características en extremo autoritarias o condiciones de excepción que no dan señales claras aún de transición a sistemas democráticos abiertos y de participación. Por otro lado, el reciente fin del régimen de *apartheid* en Sudáfrica, con claros perfiles democráticos, ha abierto una nueva perspectiva para el sur del continente y aun para otras partes de África.

En el Medio Oriente y Asia occidental subsisten en lo general, con algunas excepciones, regímenes patriarcales y autoritarios dominados o amenazados por corrientes de fundamentalismo, que los marginan, políticamente, de las tendencias de democratización y participación generales de los últimos años. No está en algunos de ellos ausente la posibilidad de conflictos armados internos con repercusiones en países vecinos.

El grave foco de conflicto que durante largos decenios han significado las relaciones entre el Estado de Israel y el movimiento palestino, así como con los países vecinos, parece haberse transformado —por los acuerdos entre Israel y Egipto, por una parte, y los más recientes con la OLP y posteriormente con Jordania— en una zona con posibilidades de solución pacífica de las controversias, incluida la recuperación de la autonomía de Líbano, aun cuando quedan problemas difíciles, como los relacionados con la seguridad pública y con el inicio de procesos democráticos. Los recientes acuerdos entre Israel, el movimiento palestino y Jordania presagian avances importantes.

En el sur y sureste de Asia, así como en varios países de la ribera occidental del Pacífico, con algunas excepciones, se camina también hacia regímenes menos autoritarios y aun con características democráticas más abiertas y representativas, si bien en los países de grandes poblaciones analfabetas y empobrecidas subsisten graves problemas sociales. Por ejemplo, en Bangladesh y Paquistán se han acentuado conflictos internos sumamente agudos. En otros territorios menores, como en Sri Lanka, han subsistido divisiones de carácter religioso o étnico. La India sigue siendo un caso particular de difícil definición, cuyo régimen democrático y descentralización llevan a veces a situaciones conflictivas y contradictorias, por ejemplo en Cachemira y Assam. Los casos de Corea del Sur, Tailandia, Indonesia y Singapur —todos ellos "tigres" comerciales de Asia— no evidencian una democratización política correspondiente a los cánones de Occidente.

La desintegración de la Unión Soviética en 1990 y su sustitución por la Comunidad de Estados Independientes (CEI), dominada por Rusia en diversos grados, según sus antecedentes históricos y la naturaleza de la composición étnica y religiosa, representa un caso especial que ha modificado fundamentalmente el panorama político regional y global y, en varios aspectos, el económico. La transformación política y económica del conjunto de las repúblicas integradas en la confederación, en la transición de un sistema de planificación altamente centralizado a uno de mercado sin suficiente organización o con mínima regulación, ha estado sujeta a las más variadas formas de especulación y rapiña. Además, repercute ya, en forma grave e imprevisible, en el terreno social y afecta el porvenir de los sistemas educativos y de las identidades culturales establecidas. Se transmite asimismo a las relaciones internacionales de la CEI con los países occidentales, en especial con los Estados Unidos y Europa occidental, así como con Japón y China y varias naciones del Pacífico y del sureste de Asia. La cohesión interna de la CEI es, sin embargo, todavía débil, de manera que está por verse cuál será el peso internacional o global de la Federación de Rusia —cuya extensión territorial, por cierto, llega hasta el océano Pacífico y domina la zona ártica—. Empieza ya a formarse una gran Rusia central mediante convenios como los llevados a cabo con Belarús y Ucrania.

El efecto inmediato de la desintegración de la URSS fue la reincorporación de las cinco provincias que constituían la antigua República Democrática Alemana (Alemania Oriental) al régimen democrático de Alemania Occidental, la liberación de los países bálticos y la recuperación de identidades políticas independientes por las naciones de Europa oriental, antes asociadas contra su voluntad al polo encabezado por la URSS. Han resurgido antiguas naciones europeas con nuevos regímenes democráticos y parlamentarios, y se han formado algunas nuevas. En varias prevalecen aún organizaciones y sectores políticos de los regímenes comunistas, que en algunos casos han ganado elecciones, mientras que los sistemas democráticos se han consolidado o están en proceso de fortalecerse en otras de ellas. Cierto número de las nuevas repúblicas democráticas de Europa oriental y de la zona báltica han comenzado a asociarse a instituciones multilaterales de Europa occidental, entre ellas la Unión Europea; han acrecentado también sus relaciones económicas, financieras y comerciales de carácter bilateral con las principales naciones de Europa occidental. Se han verificado además acercamientos de algunas de ellas a la OTAN.

El caso desestabilizador de la ex Yugoslavia, fragmentada en repúblicas independientes o en territorios en conflicto, con considerable fuerza militar en manos de los dirigentes políticos de Serbia, es quizás el más preocupante, por lo menos dentro de la esfera de Europa. Los intentos de pacificación, con intervención de las Naciones Unidas y de la OTAN, habían fracasado hasta muy recientemente. Parece haberse avanzado un poco hacia un arreglo pacífico de larga duración en Bosnia, sin que pueda precisarse aún su alcance. El conflicto de Irlanda del Norte y la guerra subterránea en Euzkadi son también muestra de problemas ancestrales todavía no resueltos mediante un consenso interno suficiente.

Lo expuesto trata de resumir una perspectiva, por regiones, de factores tanto positivos como negativos que afectarían la paz mundial y la capacidad de las naciones y sus gobiernos para ocuparse con mayor efectividad de la problemática económica y ambiental internacional. En los ámbitos regionales e internos, será igualmente importante la capacidad para atender las aspiraciones económicas y sociales de los pueblos y las condiciones ambientales específicas de cada territorio, vinculadas éstas a su vez con la problemática ambiental global.

Queda, sin embargo, una gran incertidumbre en los planos global y regionales que no podrá disiparse fácilmente. Dicha incertidumbre se centra en varios elementos importantes en las esferas internacionales, entre ellos los siguientes:

i) La desmilitarización, que comprende la desnuclearización y la reducción de los presupuestos de defensa y de los gastos en armas convencionales. En especial, no se ha aclarado el grado de desnuclearización efectiva alcanzado —que oculta peligros para la paz, tanto por la posible falta de control sobre armas nucleares en Rusia o algunos otros miembros de la CEI, por la decisión de Francia de continuar haciendo pruebas nucleares en el Pacífico (ya concluidas) y por la política de China de no abandonar su programa, o bien por intentos en otros países, como Iraq o Irán, de conservar alguna capacidad nuclear potencial.

ii) El papel del sistema de las Naciones Unidas como catalizador de avances en el terreno de la paz, la resolución de conflictos y los impulsos necesarios para reducir las desigualdades socioeconómicas entre los países de industrialización avanzada y aquellos caracterizados por niveles de vida todavía bajos, en los que predominan formas de actividad económica precaria o de baja productividad y reducida capacidad social e institucional para emprender su propio desarrollo pleno. A esta situación se suma el relativo desinterés de los países avanzados por cooperar en el desarrollo de los demás. A todo esto se añade la situación vulnerable en que se encuentran países semindustrializados que no han estado aún en condiciones de participar de manera adecuada en la globalización económica.

Las Naciones Unidas, al cumplir su cincuentenario en 1995, se han mostrado debilitadas tanto en lo político como en lo económico, con poca capacidad de liderazgo y sin encontrar rumbos firmes que fortalezcan la aplicación de sus principios o su estructura. Están en discusión el Consejo de Seguridad y el Consejo Económico y Social. Siguen pendientes, entre otros problemas, la resolución de conflictos regionales, las campañas para perfilar nuevas estrategias de desarrollo, en especial para los países más débiles, y problemas nuevos como el tráfico de drogas. La Secretaría General de las Naciones Unidas padece además de una semiparálisis administrativa, de acción y de iniciativa, motivada por el déficit financiero de más de 3 000 millones de dólares que ha acumulado, en gran parte por falta de cumplimiento de las aportaciones de sus principales países miembros.

iii) La posible congruencia de los agrupamientos económicos regionales con las políticas de globalización inspiradas en el pensamiento económico y los intereses comerciales y financieros de los Estados Unidos, algunos países de Europa y, hasta cierto punto, Japón (miembros del G-7). Por un lado, las políticas o estrategias se centran, en algunos de sus aspectos, en la Organización Mundial de Comercio (OMC) —sucesora del GATT— y, en otros, en el Fondo Monetario Internacional y el Grupo del Banco Mundial, instituciones éstas que han venido a menos, como se puso en evidencia en las celebraciones de su cincuentenario en 1994.[2] Por otra parte, la Unión Europea, único agrupamiento regional que tiene cohesión interna y representa intereses comunes de sus miembros en la economía mundial, ha continuado avanzando, aunque con algunos tropiezos, hacia sus objetivos a largo plazo, que comprenden aspectos políticos, sociales y culturales, además de económicos y financieros.

iv) Se han formado asimismo importantes zonas nuevas de libre comercio, como la de Norteamérica, y otras de diverso grado de avance en América del Sur, el sureste de Asia y algunas partes de África, que, por ciertas tendencias centrípetas y por la concurrencia de otros problemas como los que plantean el desempleo y las migraciones provenientes de países en desarrollo, pudieran convertirse en bloques restrictivos. Sería prematuro llamar a estas agrupaciones "bloques" en el sentido de grupos restrictivos o aun agresivos hacia terceros, ya que las principales de ellas mantienen fuertes intereses globales y globalizadores; pero no está de más, para cualquier país ajeno a las mismas o de reciente ingreso, estar alerta a esos signos.

v) La creciente conciencia de que el planeta experimenta un deterioro ambiental creciente, en todos los órdenes, que pudiera llegar a ser irreversible y, finalmente, catastrófico. Esta conciencia existe pese a las declaraciones de propósitos y algunos compromisos derivados de la Conferencia de las Naciones Unidas sobre Medio Ambiente y Desarrollo de Rio de Janeiro de 1992, y no obstante los avances en el control del deterioro registrados en países de la Unión Europea, en Japón y, hasta cierto punto y con importantes reservas, en los Estados Unidos. La situación ambiental en la CEI, varios países del ex bloque oriental, el Medio Oriente, China, sur y sureste de Asia, la India y la mayor parte de África y América Latina y el Caribe no sólo deja mucho que desear, sino que está determinada por la situación económica y financiera desfavorable, la carencia de recursos materiales y humanos y la falta de voluntad política de los gobiernos y las sociedades civiles.

[2] Véanse Bretton Woods Commission, *Bretton Woods: Looking into the Future*, Washington, Bretton Woods Committee, julio de 1994, y James M. Boughton y K. Sarwar Lateef (comps.), *Fifty Years After Bretton Woods: The Future of the IMF and the World Bank*, Washington, International Monetary Fund y World Bank Group, 1995.

1.1.2. El dividendo de la paz

Al caer el Muro de Berlín y el régimen comunista de la Unión Soviética se previó en las esferas internacionales que, junto con la distensión, vendría una reducción importante de los gastos de defensa que tendría el efecto de liberar recursos financieros, humanos y materiales para usarlos en el desarrollo y el bienestar. A este proceso se le llamaría el "dividendo de la paz". No obstante, el dividendo apetecido ha sido escaso. Un documento reciente de las Naciones Unidas declara sin ambages que "existe bastante desilusión", más que nada porque en muchos sectores y países se esperaban resultados a corto plazo, mientras que la transición hacia la desmilitarización ha sido bastante más complicada.[3]

Se ha iniciado apenas una reducción moderada de los presupuestos de defensa. Entre 1983 y 1993, los países miembros de la OTAN redujeron la proporción de su gasto militar respecto a su PIB de 4.8 a 3.6%, y la relación entre dicho gasto y el total de egresos de sus gobiernos centrales disminuyó de 14.6 a 10.9%. Dentro de esos totales, las proporciones que correspondieron a los Estados Unidos bajaron de 6.3 a 4.7% del PIB y de 25.5 a 20.1% del total de egresos. Los países de Europa occidental también redujeron la proporción de sus gastos militares, en el mismo periodo, de 3.4 a 2.6% del PIB y de 8.4 a 6.1% de sus egresos totales. Se estima que las reducciones en el caso de los países que antes constituían el Pacto de Varsovia fueron aún más intensas, de 12.1 a 7.6% del PIB y de 43.5 a 15% de sus egresos.[4] Se registraron descensos también en otros grupos de países, incluso en aquellos en vía de desarrollo.

Las cifras absolutas indican descensos similares, y se reflejan, en el periodo 1986-1987 a 1994-1995, en datos sobre efectivos y equipo militares. Se han desarticulado, además, algunas partes de los sistemas defensivos basados en el poder nuclear. Asimismo, determinados componentes del arsenal

---

[3] Naciones Unidas, *World Social and Economic Survey 1995: Current Trends and Policies in the World Economy*, United Nations, Department for Economic and Social Information and Policy Analysis, Nueva York, 1995, cap. XIII, "Evaluación del dividendo de la paz resultante del fin de la Guerra Fría", pp. 189-224.
[4] *Ibid.*, cuadro XIII.1, p. 192.

de armas convencionales han sido reducidos o eliminados, aun cuando también se han exportado comercialmente o transferido parte de estos armamentos a países con conflictos internos y a países en vía de desarrollo.

Sin embargo, las consecuencias económicas de la tendencia al desarme nuclear y convencional no se pueden precisar en términos de transferencia del gasto militar a otros sectores de la economía, incluidos los sociales, sin considerar a la vez el efecto neto en los déficit presupuestarios. La reducción de los gastos militares, el desempleo de efectivos de las fuerzas armadas, la relocalización de personal técnico, la restructuración de industrias o de parte de ellas y los cambios en el comercio internacional de armas no se traducen necesariamente en ampliaciones de programas sociales o de otros renglones de gastos que no se relacionen con los de defensa. Algunos países son todavía productores y exportadores importantes de armamento, sobre todo a áreas con conflictos internos o regionales, tanto en la zona europea y del Medio Oriente como en África y posiblemente en zonas particulares de otras regiones. Por otro lado, las intervenciones de las Naciones Unidas y la OTAN en conflictos regionales u otros han absorbido recursos financieros que de otra manera habrían podido dedicarse a fines ambientales y de desarrollo. "Es ya evidente —se lee en el informe de las Naciones Unidas— que el proceso de conversión no dará lugar a corto plazo al dividendo para la paz", aunque se advierten algunos casos de éxito y pueden preverse mejores resultados a largo plazo.[5]

De hecho, el "dividendo de la paz" no se ha producido en forma apreciable en términos reales, y mucho menos con efectos positivos en las economías de los países industrializados o en la reasignación de recursos para la cooperación económica internacional. Tampoco se ha traducido, como lo había hecho esperar la Conferencia de Rio de Janeiro sobre Medio Ambiente y Desarrollo, en un incremento de los gastos en protección ambiental o en la cooperación internacional necesaria en este terreno. Sin embargo, dependiendo de ciertas condiciones, es posible que dentro de un decenio o dos se hayan generado importantes "dividendos" del desarme.

[5] *Ibid.*, p. 219.

1.1.3. *La economía mundial y el desarrollo*

Además de sus funciones en pro de la paz y la convivencia, el sistema de las Naciones Unidas tiene desde su creación importantes responsabilidades en la promoción del desarrollo y el comercio internacionales, lo mismo que en el desarrollo social y cultural de la humanidad. Sin incluir al Grupo del Banco Mundial y al FMI, por sus características acusadamente autónomas, las Naciones Unidas están comprometidas, por medio de sus diversas dependencias, a impulsar y apoyar los esfuerzos de los países miembros en pro del desarrollo económico y social. Destacan la UNCTAD (Conferencia de las Naciones Unidas para el Comercio y el Desarrollo), el PNUD, la FAO, la ONUDI, las cinco comisiones económicas y sociales regionales que dependen del Consejo Económico y Social y varios otros organismos especializados o creados *ad hoc*. Asimismo, las propias Naciones Unidas y los organismos especializados como la UNESCO, la OMS y la OIT tienen a su cargo el impulso de la educación, la ciencia, la salud, el adiestramiento y la creación de condiciones adecuadas de trabajo no sólo en los países en vía de desarrollo, sino en todos los Estados miembros.

El PNUMA y la Comisión del Desarrollo Sustentable, que forma parte del Consejo Económico y Social, tienen por misión el cumplimiento de las recomendaciones de la Conferencia de Rio. El Fondo de Población apoya a su vez los programas poblacionales, entre ellos los destinados a reducir la tasa de incremento demográfico y elevar la educación de la mujer y la juventud en relación con este tema. El Departamento de Asuntos Económicos y Sociales de las Naciones Unidas promueve el desarrollo social, comprendidos el fortalecimiento de la familia y las principales manifestaciones del cambio social en las ciudades y el campo. Atender a la niñez y sus problemas es función principal del Fondo UNICEF. Las Naciones Unidas profundizaron en la problemática social tanto en la Conferencia sobre Población y Desarrollo de El Cairo (septiembre de 1994) como en las conferencias sobre Desarrollo Social en Copenhague (marzo de 1995) y sobre la Mujer en Beijing (septiembre de 1995). En julio de 1996 se efectuó en Estambul la Cumbre de las Ciudades, Hábitat II, la más reciente de las macroconferencias de las Naciones Unidas, que sirvió para hacer previsiones sobre el futuro urbano y su relación con el resto de los grandes temas.

Sin embargo, las Naciones Unidas y su sistema de organismos y dependencias se encuentran en estado de crisis por un relativo anquilosamiento a los 50 años de haberse establecido y por la falta de voluntad de los Estados miembros para actuar en consonancia con la gravedad de los problemas económicos y sociales, tanto actuales como previsibles. Ello se traduce, entre otras cosas —y sin contar con los traslapes de autoridad y la falta de coordinación—, en insuficiencia de recursos para cooperar de manera adecuada aun en los programas prioritarios. Las principales potencias, casi sin excepción, no han podido o no han querido apoyar en forma suficiente los presupuestos de las Naciones Unidas y de los organismos especializados; algunos países están ausentes por completo de tal apoyo y de la participación en las actividades propias de los organismos. La UNESCO, por ejemplo, pasa desde hace varios años por una situación inestable y mal comprendida, ya que la educación básica en muchas partes del planeta, sobre todo en África, no avanza por carecer de toda clase de recursos, a los que la UNESCO poco puede aportar en virtud de la negativa de los Estados Unidos y el Reino Unido a reincorporarse. La ONUDI está en peligro ya de sufrir la acometida de intereses que no ven su necesidad como organismo promotor del desarrollo industrial y que han empezado también una campaña en contra de la UNCTAD y de las comisiones económicas y sociales regionales, como la CEPAL y sus correspondientes en Asia y el Pacífico, en África y Asia occidental.

La explicación de estas fallas no es sólo política —tanto a nivel de ramas ejecutivas de los gobiernos como también en las áreas legislativas—, sino que se encuentra asimismo en las menguadas posibilidades económicas de varios de los principales países, entre ellos los que padecen grandes déficit presupuestarios desde hace varios años. Las necesidades internas, en muchos países, han ganado terreno a la cooperación económica internacional. Lo que comúnmente se llama AID u *Overseas Development Assistance (ODA)*, la suma anual de todas las transferencias financieras oficiales netas de los países industrializados a aquellos en vía de desarrollo, según las contabiliza la OCDE, se ha estancado entre 56 000 y 60 000 millones de dólares anuales durante los últimos años. Este total representa cada vez una proporción menor del PIB conjunto de los países "donantes" —en 1994 y 1995, en promedio, 0.3%—, aun cuando en algunos, como los escandinavos, ronda el 1% de su PIB; la transferencia de los Países Bajos y Francia es de 0.8 y 0.6%, respectivamente, mientras la de Japón ha descendido a 0.3% y la de los Estados Unidos a 0.15%. Japón, por cierto, fue en 1994 el principal donante, con 13 200 millones de dólares, seguido por los Estados Unidos con 9 900, Francia con 8 500 y Alemania con 6 800 millones.[6] Fuertes intereses en los Estados Unidos y otros países del G-7 se oponen a la cooperación económica internacional y al apoyo a organismos especializados, a la vez que se niega a robustecer los recursos financieros disponibles del FMI y el Grupo del Banco Mundial, o de los bancos regionales y otros programas, como el Mundial de Alimentos, el Fondo de Población y otros. La UNICEF y el PNUD también han sufrido merma en sus recursos.

Vale la pena recordar las tendencias de crecimiento de la economía mundial y del comercio internacional en los últimos años.[7] Según el Departamento de Información Económica y Social y de Análisis de las Naciones Unidas, el PIB global, que había aumentado a una tasa media de 2.8% durante el decenio 1981-1990, se redujo en los años subsiguientes a 0.4 y 0.7% en 1991 y 1992, con leve recuperación a 1 y 2.6% en 1993 y 1994.[8] Para 1995 podía esperarse un aumento de 2.75%,

---

[6] OECD, Development Assistance Committee, *Development Cooperation, 1995 Report*, París, OCDE, 1996, Anexo estadístico, cuadros 1 a 6º, especialmente el cuadro 4.

[7] Es también de interés una comparación histórica de largo plazo. Según Angus Maddison, en 1820 las exportaciones de la totalidad de los países constituían apenas 1% del producto mundial. En 1913 habían aumentado a 8.7%, y "ya se podía hablar con cierto sentido de una economía 'mundial' interactiva..." Después de un descenso de esa relación durante el periodo "neomercantilista" de 1913 a 1950, se volvió a elevar en proporción considerable, y en 1992 se calculaba en 13.5% (con grandes variantes entre los diferentes países). Angus Maddison, *Monitoring the World Economy 1820-1992*, OCDE, Development Centre, París, 1995, pp. 37-38.

[8] Naciones Unidas, *World Economic and Social Survey 1995, op. cit.*, cuadro I.1, p. 5.

que muy probablemente no se cumpliría, y en 1996 uno previsible de 3 por ciento.

Las tasas de crecimiento económico del grupo de los países desarrollados con economía de mercado fueron de 0.8 y 1.5% en los primeros dos años citados, y de 1 y 2.9% en 1993 y 1994 (en comparación con una media de 2.8% durante 1981-1990, y de 5% en los años sesenta y 3.5% en los setenta). Este grupo de países representa alrededor de 70% del PIB global, de manera que su letargo durante 1991 a 1993 repercutió en el resto del mundo y en el volumen del comercio mundial. En efecto, en 1991 y 1992 el comercio mundial había registrado un aumento anual promedio de 5.5%, en tanto que en 1993 fue apenas de 3.9%, aunque se esperaba una recuperación en 1994 para llegar a 7 por ciento.

El grupo designado como de "economías en transición" ha registrado descensos anuales desde 1990, con un máximo de −15.5% en 1992, y todavía −8.6 y −9.9% en 1993 y 1994. Su impacto en el comercio mundial ha sido bastante pequeño. Sin embargo, el colapso económico de estos países influyó en el menor ritmo global del PIB a partir de 1991 debido a la repercusión específica en la economía alemana.[9]

En los países en vía de desarrollo el incremento del PIB fue de 3.4 y 4.9% en 1991 y 1992, y de 5 y 5.4% en 1993 y 1994 (comparado con 3.1% en 1981-1990). Se trata en todo caso de grandes agregados, con diferencias muy marcadas entre los distintos países. En 1995 se esperaba un crecimiento de 5% y para 1996 se preveía otro similar. El conjunto de los países en desarrollo representa sólo 20% del PIB global, determinado de manera considerable por unos cuantos de Asia (China y algunos otros de la ribera occidental del Pacífico) y América Latina (Brasil y Chile). Los países en desarrollo efectúan alrededor de 25% de las exportaciones mundiales; las de América Latina constituyen apenas 4 por ciento.

Por último, en las naciones de menor nivel de desarrollo, sobre todo en África, el incremento del PIB quedó rezagado tanto en el periodo 1981-1990 como en los años posteriores. En 1993 se alcanzó apenas 0.5% y en 1994 2.1%, pero se esperaba que en 1995 pudiera llegar a 3 por ciento.

[9] *Ibid.*

Como puede advertirse, paradójicamente, el crecimiento económico se ha logrado desde 1981 a una tasa mayor en los países en desarrollo —aunque más que nada en China y unos cuantos del sureste de Asia— que en los desarrollados de economía de mercado. Los crecimientos a tasa más elevada en los países en desarrollo deben interpretarse, no obstante, a la luz de su incremento demográfico de casi 2.5 veces el correspondiente a los países industrializados, y en relación con niveles de producto *per capita* inferiores a 1 000 dólares al año en la mayoría de los casos. Asimismo, es preciso evitar caer en la tiranía de las *tasas* de crecimiento, dado que una tasa baja en un conjunto de países, los de nivel elevado de industrialización, que representan dos tercios del PIB mundial, añade a la demanda global un monto absoluto de poder de compra mucho más importante que una tasa alta que se registre en las demás naciones. Sin exagerar, aun un estancamiento de una economía como la de los Estados Unidos ofrece un volumen absoluto de demanda y consumo que bien puede abrir su mercado a docenas de países de economía menor, por ejemplo México, siempre que se sepan aprovechar las oportunidades de incrementar las ventas en el mismo con mejor comercialización.

Buena parte de la explicación de las tendencias reseñadas y del desigual ritmo de crecimiento de las diferentes categorías de países se explica por las formas dispares en que se ha desenvuelto el incremento de la producción industrial. Según la Organización de las Naciones Unidas para el Desarrollo Industrial, las exportaciones de manufacturas de los países en desarrollo representaban en 1994 cerca de 60% de sus exportaciones totales, y la participación de dichos países en las exportaciones mundiales de manufacturas excedía de 20%, no obstante diversos factores negativos que afectaron a las naciones africanas y las llamadas "economías en transición" del ex bloque soviético. La tasa de incremento del valor agregado manufacturero en los países en desarrollo se cifró en alrededor de 5% (sin incluir a China, donde rebasó 15%). Esta nueva expansión industrial ha tenido vastas repercusiones en el comercio internacional y en la posición relativa de muchos países, en especial los del sureste de Asia. Los países desarrollados también acusaron en su conjunto tasas de crecimiento industrial apreciables, de alrededor de 4%, en 1994.[10]

De cualquier manera, las anteriores tendencias no han favorecido el fortalecimiento de las finanzas públicas en los países desarrollados de economía de mercado, dado que en muchos de ellos los niveles de desempleo abierto, en buena medida de carácter estructural más que coyuntural, se han mantenido en coeficientes de alrededor de 7% de la población económicamente activa (PEA).[11] En Canadá, Francia, la Gran Bretaña, Italia y otros países industrializados el desempleo ha excedido en los últimos años 10% de la PEA, y en algunos ha llegado a 20%. Ello se ha traducido en mayores gastos de seguridad social, incluida la compensación por desempleo; en la medida en que se han recuperado las tasas de incremento de la productividad industrial el impacto en el empleo ha sido desfavorable. En 1994, sólo los Estados Unidos pudieron incrementar sustancialmente el empleo y reducir a una tasa tolerable el coeficiente de desempleo (6.2%), quedando como caso especial el de Japón (con 3%). En 1995, las tasas de crecimiento económico se habían elevado en pequeña proporción; la propensión al desempleo, sobre todo entre la población joven, ha sido mayor. Sin embargo, se considera que la perspectiva, al menos en Europa occidental, es ligeramente favorable.

[10] Organización de las Naciones Unidas para el Desarrollo Industrial, *Desarrollo industrial: Informe mundial 1995,* México, ONUDI-Fondo de Cultura Económica, 1995, pp. 1-2 y cuadro 1.

[11] Se entiende por desempleo estructural aquel que resulta de desajustes fundamentales entre los sectores productivos en razón de adelantos tecnológicos economizadores de mano de obra, de cambios permanentes en las fuerzas de la demanda interna y externa, de tendencias irreversibles en los campos de inversión productiva, de insuficiencias de la educación y la capacitación, de efectos a largo plazo de las tasas diferenciales de incremento de la población económicamente activa y, en general, de factores de resistencia a los mecanismos del mercado, incluso factores y cambios institucionales. Excluye, en consecuencia, el desempleo relacionado con el ciclo económico, el derivado de la información imperfecta sobre la disponibilidad de empleos y el resultante de modificaciones de corto plazo en la oferta y demanda de empleos en el mercado de trabajo, relacionado con los propios mecanismos del mercado y la rotación normal entre empleos. Sobre la problemática europea de los últimos años, véase el informe de la Comisión Europea, Dirección General de Empleo, Relaciones Industriales y Asuntos Sociales, *L'emploi en Europe 1994,* Luxemburgo, Oficina de Publicaciones de la Comunidad Europea, 1994. También, de la OCDE, *The OECD Jobs Strategy: Pushing Ahead with the Strateg,* París, OCDE (1995).

Los países en vía de desarrollo, con contadas excepciones, han tenido que hacer frente desde mediados de los años ochenta a descensos pronunciados de los precios *reales* de sus productos básicos de exportación, incluido el petróleo crudo.[12] Para 1993 se había perdido 29% del valor por unidad de volumen exportado, con apenas modesta recuperación a 15% para mediados de 1994. En 1995 subieron mínimamente algunos precios de los productos de exportación latinoamericanos. Las fluctuaciones de los precios reales deben verse, en todo caso, como fenómenos más complejos. Por ejemplo, a fines de 1995, el aumento de precios de los granos básicos resultó desfavorable para gran número de países deficitarios en alimentos, entre ellos China, que ha pasado a ser importador neto de los mismos, y varios de América Latina. De igual manera, el alza del petróleo ha incidido negativamente en los países importadores netos situados en el llamado Tercer Mundo, entre ellos de nuevo China y varios de la región latinoamericana.[13]

Durante el mismo periodo, los países en desarrollo, sobre todo de América Latina, han cargado un pesado lastre, constituido por el pago del servicio de la deuda externa. No debe extrañar que su posición relativa haya sido desfavorable, sobre todo la de aquellos que no lograron atraer inversiones extranjeras en montos sustanciales. Mientras en 1990 la deuda externa total de América Latina y el Caribe fue de 440 000 millones de dólares, para 1994 había ascendido a 533 000 millones y a fines de 1995 alcanzó 574 000 millones. La relación entre los intereses pagados y el total de exportaciones de bienes y servicios se redujo, sin embargo, gracias a restructuraciones y al aumento de las exportaciones de bienes, en el mismo periodo, de 25.1% en 1990 a 16.6% en 1994 y 16.4% en 1995. Esta proporción, desde luego, es un promedio de todos los países de la región; en algunos, como Costa Rica, Chile, Guatemala, Paraguay y República Dominicana, es ya inferior a

---

[12] Definidos como los precios cotizados en los mercados mundiales corregidos por los precios de exportación de las manufacturas importadas de los países industrializados.

[13] CEPAL, *Balance preliminar de la economía de América Latina y el Caribe 1995*, Santiago de Chile, 20 de diciembre de 1995, cuadros A.8 y A.12.

6%, mientras que en Argentina, Bolivia, Brasil, Ecuador, México, Perú, Uruguay, Venezuela y Nicaragua supera 20%. En Nicaragua fue de 102% en 1994 y de 80% en 1995, y en México, en los mismos años, de 17.4 y 14 por ciento.[14]

Las economías de los territorios que integraron la URSS y la de los países ex socialistas de Europa oriental, que han estado en descenso continuo desde 1990, no se han transformado aún en un proceso claro de incorporación a los mercados internacionales ni de reorganización económica interna, a base de economía de mercado, con pleno abandono de la planificación central socialista. No han podido aún satisfacer las necesidades básicas de consumo de las poblaciones afectadas. No obstante, se advierten algunos rasgos positivos, todavía bastante tenues y sin la recuperación de los niveles anteriores, en Europa oriental, en especial la República Checa, Polonia y Hungría, así como en Estonia y Lituania. El que no se haya logrado aún una transformación lo bastante eficiente de los sistemas agrícolas, industriales y de distribución de estos países, en medio de turbulencias de los mercados de trabajo, influye en las tendencias políticas internas de los mismos y crea, además de incertidumbre, inestabilidad internacional. Solamente la absorción de la economía de Alemania Oriental por la de Alemania Occidental mediante la unificación ha estado relativamente libre de turbulencia política —aun cuando no de dificultades económicas y financieras y en los mercados de trabajo que tardarán en resolverse—.

Por otro lado, la persistencia del desempleo en la mayoría de los países de Europa occidental, y más aún en Europa oriental y en la CEI, continúa siendo otro elemento de inestabilidad, aun cuando en grado mucho menor en los parámetros de sistemas democráticos o cuasidemocráticos. El desempleo en proporciones elevadas, aun en los casos de existir protección por parte de las instituciones de seguridad social —que en muchos casos deja de ser completa o de cubrir algo más que un ingreso insuficiente—, constituye en los países industrializados un factor de descontento con repercusiones sociales graves, que se refleja en menor acceso a los servicios sociales

[14] *Ibid.*, cuadro A.20.

y de salud, educación y vivienda y en menor calidad de vida. La incertidumbre a que se hace referencia no es en estos aspectos pasajera, sino que tiene también causas estructurales y adquiere visos de que prevalecerá a plazos mediano y largo.

La relación entre la incertidumbre tanto económica como social, que se refleja en tensiones políticas y en falta de definición de los programas económicos y sociales, no puede sino afectar negativamente o en forma poco positiva las tendencias de la inversión real, sin la cual no es posible aumentar la productividad ni lograr tasas de incremento de la producción industrial suficientemente capaces de elevar los ingresos y promover mayores montos de empleo. Esta perspectiva se presenta lo mismo en Europa occidental que en la oriental y en la CEI, así como en Norteamérica y Japón. Sus consecuencias para los países en vía de desarrollo tampoco pueden ser suficientemente alentadoras, menos aún en los procesos de globalización del comercio del que dependen en alto grado para su crecimiento. Es cierto que el comercio mundial, según las cifras compiladas por las Naciones Unidas, no ha dejado de incrementarse desde el decenio 1981-1990 y en los años sucesivos, hasta 1995, a tasas bastante superiores a las del PIB global o de las diferentes categorías de países. Sin embargo, la consideración de la cifra del comercio global oculta diferencias considerables en la progresión de los volúmenes del comercio exterior de diferentes países y regiones, según la naturaleza, precios y composición de sus productos de exportación. El comercio total mundial registró un aumento medio anual de 4.6% entre 1981 y 1990, y de 5.5% anual en el cuatrienio 1991-1994. Los avances más acentuados corresponden, no obstante, a los países industrializados, que exportan principalmente manufacturas y algunos excedentes agropecuarios a varias naciones del Pacífico occidental y a determinados países petroleros. El mayor volumen de comercio mundial no parece haber sido un motor que haya impulsado el PIB global en general, sino que es consecuencia de las tasas de incremento de los sectores dinámicos del PIB. En 1994, el comercio mundial creció 9.4%, mientras el PIB global aumentó 2.6 por ciento.

Al quedar los Estados Unidos como única potencia nuclear en el pleno sentido del concepto, y siendo su economía también la más poderosa —no obstante cierta vulnerabilidad frente a Japón, principalmente— y la que mayores recursos científicos y tecnológicos posee, surgen varias incógnitas que no pueden resolverse sino en el terreno de las hipótesis pero teniendo en cuenta "probabilidades". La cuestión principal consiste en prever cuál será el grado de liderazgo mundial que los Estados Unidos puedan y quieran mantener, la calidad de ese liderazgo y su papel en el fortalecimiento del sistema de las Naciones Unidas, única instancia a la que pueden recurrir muchas de las potencias menores y medianas. Debe reconocerse que estas naciones tienen a su disposición la opción de recursos intermedios en organizaciones regionales tales como la Unión Europea, la OTAN y, con mucho menor grado de validez y efectividad, la OEA, la OUA, la ASEAN, etc.; no obstante, la asimetría en las relaciones internacionales origina que aun los países intermedios estén quedando en gran medida subordinados a las principales potencias económicas, en particular al G-7 y, en menor medida, a la Unión Europea, hoy integrada por 15 países. El poderío económico norteamericano está fincado en gran parte en las actividades de las empresas transnacionales, que concentran recursos financieros y tecnológicos, así como capacidad de comercialización, en un marco de estrategias globales a largo plazo.

Si bien ha desaparecido la rivalidad bipolar, la situación y la perspectiva de Rusia y los demás países asociados con ella dependerán a su vez, en los próximos años, del apoyo que puedan recibir tanto de los Estados Unidos como de la Unión Europea. Semejante apoyo, aparte de su valor intrínseco para consolidar la autonomía política de los países y fortalecer sus procesos en la reciente e incipiente transformación económica, tiene importancia en la relación de ese grupo con terceros países, por ejemplo con China, India, Paquistán, los del Medio Oriente y, más allá, con Japón, en un ambiente de globalización.

En consecuencia, una perspectiva de varios años a nivel de las Naciones Unidas y de las relaciones entre las grandes potencias, podría reforzar la idea de la incertidumbre, lo que constituiría un evidente estorbo para la definición de políticas económicas, tanto internas como internacionales, ya sea de relación entre los Siete + 1 (Rusia) o de operatividad de principios que rijan el comercio internacional, el financiamiento a largo plazo y las corrientes de cooperación técnica.

Puede preverse que las actuales zonas de conflicto en la Europa meridional, en partes de África y del Medio Oriente, o de hecho en cualquier lado donde surjan o puedan surgir, por ejemplo, en Turquía, Camboya o Corea del Norte, seguirán requiriendo la atención más cuidadosa de los Estados Unidos, la OTAN, la Unión Europea y muchos países en lo individual.

La relación Norte-Sur se ha transformado en una situación de indiferencia por parte de muchos de los países del Norte, y de escisión y fragmentación entre los del Sur, sea que se les conozca como Países No Alineados, o simplemente como países en proceso de desarrollo, semindustrializados, de menor nivel de desarrollo o con cualquier otra denominación. Con importantes excepciones —por ejemplo, las naciones en desarrollo de la llamada Cuenca del Pacífico, en particular en el sureste de Asia—, los "países ex Tercer Mundo" o miembros del "Cuarto Mundo", en su mayoría, se han debilitado económica y financieramente. El excesivo endeudamiento externo de algunos en el periodo 1973-1981, especialmente en América Latina, no obstante las recalendarizaciones y los acuerdos de reducción del capital y la reanudación por parte de algunos del acceso a los mercados internacionales de capitales, sigue siendo un factor que impide el fortalecimiento rápido y una modernización adecuada de sus economías, sobre todo ante las tendencias globalizadoras del comercio y las finanzas.

Para muchos de estos países, en especial los que no han logrado impulsar en proporción suficiente sus exportaciones de manufacturas o no tengan condiciones adecuadas para ello, la dependencia respecto de unos cuantos productos básicos de exportación, incluso el petróleo, los tiene sujetos a un debilitamiento general de la demanda de esos productos, a las fluctuaciones excesivas de los precios y a su consecuencia en los precios reales y en la relación de precios del intercambio. Si la demanda "natural" de productos básicos de exportación no puede ser confiable, y los países afectados no son capaces de acelerar su industrialización o no están aún en condiciones de competir abiertamente en los mercados internacionales, tampoco estarán en posibilidad de tener acceso adecuado y en condiciones favorables al crédito internacional o a las corrientes de inversión directa extranjera.

Se advierte un "empobrecimiento general" de un grupo numeroso de países en desarrollo, con graves consecuencias en su economía interna y en su capacidad para dar empleo a sus fuerzas de trabajo de rápido crecimiento; es el caso en especial de los países africanos subsaharianos y de la mayoría de los latinoamericanos. Subsiste además una enorme desigualdad interna y se identifican grandes áreas de pobreza general y aun de pobreza extrema. Las fallas del sistema económico internacional tienen consecuencias políticas, tanto internas como en las relaciones con los países del Primer Mundo.

1.1.4. Los agrupamientos económicos regionales

A partir de la creación de la Comunidad Económica Europea en 1957, con sus sucesivas ampliaciones —hoy a 15 miembros en la Unión Europea— y mediando el Acta Única de 1987 para crear el mercado único, así como el Tratado de Maastricht de 1991 para crear el Espacio Económico Europeo y forzar a la convergencia de las políticas económicas nacionales en sus principales aspectos, se ha intensificado la tendencia a formar agrupamientos económicos y comerciales de carácter regional (se prefiere esta expresión a la de "bloques económicos"). La hoy Unión Europea constituye el único mercado común en el pleno sentido de esta expresión e incorpora órganos y organismos supranacionales y fuerte convergencia de políticas económicas y sociales, así como coordinación en las relaciones comerciales (pero no financieras) con el exterior, aun con el GATT, ahora OMC. Dicho tratado prevé incluso la ciudadanía europea. También contiene la UE un Tribunal de Justicia.

Durante breve periodo entre 1960 y 1969 funcionó un Mercado Común Centroamericano, inspirado en los planes europeos, y más tarde, en años recientes, se reinstaló pero sin mayor consecuencia práctica. Entre Argentina, Brasil, Paraguay y Uruguay se ha creado, después de ocho años, el llamado Mercosur, con las principales características de un mercado común, aun cuando no se han cumplido varios de sus protocolos que suponían una integración que fuera más allá de la que dieran las políticas comerciales, como tampoco se ha ampliado a otros países como se ha sugerido. Por otra parte, el llamado Pacto Andino, entre Colombia, Ecuador, Perú y Venezuela, establecido como zona de libre comercio originalmente en 1962, del que Chile se retiró, ha avanzado en su concepción, pero aún no en los aspectos reales, hacia un mercado común; no parecen existir condiciones adecuadas para que el Pacto Andino evolucione en la práctica fuera de una tenue liberalización del comercio. En el Caribe está en suspenso un proyecto similar. Otros arreglos entre países centroamericanos no han llegado muy lejos. México, por su parte, firmó un tratado de libre comercio con Chile que no ha tenido mayor consecuencia, y ha hecho intentos de acercamiento a Colombia y Venezuela, así como a Costa Rica y otros países de Centroamérica.

En Asia, el agrupamiento entre los países que componen la ASEAN (Brunei, Filipinas, Indonesia, Malasia, Singapur y Tailandia), después de varios años de crecientes relaciones comerciales y económicas informales, ha dado pasos hacia la creación de un mecanismo formal de cooperación económica. Por otro lado, se perfila un acercamiento en materia comercial y de inversiones entre este grupo, Japón, Australia y Nueva Zelanda y, a través del Pacífico, con Canadá, los Estados Unidos, México, Chile y Perú, al promoverse la Asociación para la Cooperación en el Pacífico (APEC) y el Consejo de Cooperación Económica en el Pacífico.

En África, diversos intentos frustrados de zonas de libre comercio entre un corto número de países no han conducido aún a concepciones más atrevidas, aun cuando empieza a sentirse el interés de Sudáfrica por participar en arreglos bilaterales y de otro tipo con varios otros países de ese continente, aparte de sus relaciones más cercanas con los vecinos.

La suscripción y puesta en vigor en 1994 del Tratado de Libre Comercio de América del Norte, entre los Estados Unidos, Canadá y México, constituye el proyecto más audaz de crear una zona de libre comercio entre dos países de alto nivel de industrialización, caracterizados por los más elevados niveles de producto *per capita*, y uno de nivel intermedio, México, cuyas asimetrías con los primeros son sumamente marcadas. En el caso de México, su asociación con las dos potencias norteamericanas tiene el objetivo de procurar una mayor integración con su mercado principal, a cambio de establecer un complicado mecanismo para aplicar "reglas de origen" de los productos objeto del libre comercio. Tales reglas están destinadas a asegurar que productos intermedios y en general los insumos importados del resto del mundo por cada uno de los tres países sean objeto de significativa transformación nacional antes de pasar al territorio aduanero de los otros dos países incorporados a bienes finales a los que se aplicará, de acuerdo con las desgravaciones pactadas, una tasa arancelaria descendente o al fin ninguna. El mercado de los Estados Unidos ha absorbido tradicionalmente de 65 a 70% de la exportación comercial normal de México, 98% de la producción de las industrias de subcontratación (maquila) y alrededor de 85% de los servicios turísticos ofrecidos al exterior. El propósito es llegar, en un periodo de 10 a 16 años, a una zona de libre comercio entre los tres países, inclusive de intercambio de servicios, sustancialmente exenta de trabas, aunque sin establecerse un arancel común.[15]

Se trata de un experimento de gran importancia que puede tener repercusiones significativas en la estructura económica de México. Sin embargo, los primeros dos años de operación del TLCAN, 1994 y 1995, no se han caracterizado por el cumplimiento de ciertas expectativas comerciales en virtud de la crisis sumamente aguda de pagos por la que ha pasado México desde fines de 1994, la cual ha repercutido en la contracción de sus importaciones y en inestabilidad monetaria. Varios importantes renglones de exportación industrial de México han crecido con rapidez en 1995, aunque más bien como resultado de la depreciación de la divisa mexicana y el abaratamiento de los salarios internos y su expresión en moneda internacional. Sectores mexicanos todavía importantes, como la agricultura, y varios subsectores industriales han sido afec-

[15] Canadá había ya suscrito un tratado semejante, de menor alcance, con los Estados Unidos en 1987, puesto en vigor en 1988, que se remplazó con su ingreso al TLCAN en 1994, con obligaciones y derechos tripartitos.

tados de manera negativa por el libre comercio norteamericano ya iniciado de manera intensa.

Cabe mencionar también que tanto la Unión Europea como el TLCAN muestran indicios de expansión en su área de circunscripción. A la Unión Europea se han agregado ya Austria, Suecia y Finlandia, y se han firmado acuerdos de asociación parcial con otros países europeos. A iniciativa de los Estados Unidos, se ha considerado también admitir al TLCAN a Chile y posiblemente otros países latinoamericanos con los que México ha firmado acuerdos comerciales, si bien las circunstancias actuales no favorecen avances rápidos en esas direcciones. También por iniciativa de los Estados Unidos se ha planteado la posibilidad de llegar con el tiempo a crear una gran zona, poco definida aún, de libre comercio entre el TLCAN y el resto de América Latina y el Caribe, que es expresión de los designios hegemónicos de los Estados Unidos en la región.

Pueden hacerse a estas alturas dos comentarios generales. El primero es que estos agrupamientos económicos deben verse como instrumentos para incrementar las inversiones directas extranjeras en los países integrantes, así como las tasas de inversión nacionales, con vistas a crear mayor volumen de comercio recíproco, y en forma derivada como promotores de empleo y mayores ingresos. Y segundo, que no deben considerarse como "bloques" de tendencia autárquica, sino que podrán mantener relaciones positivas y relativamente abiertas con otras zonas de libre comercio y países de Europa y Asia en lo individual que estén en posibilidad, como hasta ahora, de participar en mayor medida en el comercio global. Por lo tanto, puede preverse que, en el contexto de la OMC, se continúe promoviendo el combate al proteccionismo y la relativa liberación del comercio y de las transacciones en servicios en escala global, pero esto dependerá en gran medida de que las inversiones directas adquieran dimensiones mucho mayores que las actuales, lo que a su vez estará sujeto a las estrategias de los grandes consorcios y conglomerados industriales de los países del G-7, principalmente. De otra manera, los perjuicios para los países excluidos pudieran ser aún mayores que los que normalmente supone su dependencia y origina su asimetría.

Sin embargo, no existen todavía tendencias definidas en estas materias, ni respecto al porvenir de los agrupamientos regionales como tales, ni en lo que toca a las interrelaciones entre todos ellos. O sea, que estas consideraciones también introducen alguna dosis de incertidumbre en el comercio mundial, independientemente de lo que pueda surgir de la transformación económica de las naciones ex soviéticas. Todos los agrupamientos regionales, una vez iniciados, tienden a producir reacciones en contra de sus propios objetivos, al afectarse los intereses y los equilibrios intersectoriales preexistentes en la economía de los países integrantes. En la Unión Europea algunos de los desequilibrios se han compensado por medio de medidas "comunitarias" a favor de las zonas en desventaja, y se atiende positivamente a elementos de convergencia y a la suavización de los desajustes. Ello, y otros factores de coordinación y de cohesión, hacen de la Unión —que sigue ampliándose— un agrupamiento regional singularmente sólido, que no alcanza parangón en otras regiones, donde las fuerzas centrífugas y la descoordinación pueden limitar los alcances y el cumplimiento de los objetivos.

1.1.5. *El deterioro ambiental*

En 1972, la Conferencia de las Naciones Unidas sobre el Medio Ambiente Humano recogió las principales preocupaciones de los gobiernos, las comunidades científicas y ciertos grupos de la sociedad civil sobre la problemática ambiental que se habían expresado en diversos foros durante los años sesenta. De esta manera, el destino de la humanidad se ha asociado a la posibilidad de controlar, más aún, evitar, el constante deterioro ambiental ya evidente en muchas zonas geográficas y en determinados sistemas ecológicos. En esa Conferencia no participaron todos los Estados miembros de las Naciones Unidas y destacó la ausencia de los países del bloque soviético y China. El consenso logrado y las recomendaciones emanadas de la conferencia de Estocolmo no crearon obligaciones jurídicas para los participantes; por lo demás, tales conclusiones fueron consideradas con bastante escepticismo por la mayoría de los países en vía de desarrollo, ya que juzgaron que la responsabilidad del deterioro ambiental debía fincarse no en el resultado de su propia actividad económica, sino en el de las naciones que habían alcanzado ya grados avanzados de industrialización y, de paso, de explotación de los recursos naturales del planeta. Los sistemas productivos de las naciones industrializadas, con las tecnologías desarrolladas desde fines del siglo XVIII y hasta mediados del XX, se basaban en el empleo intenso de la energía de origen fósil, en la explotación de recursos naturales sin estrategias ni procesos adecuados de mantenimiento, recuperación o, en su caso, reposición, y en aglomeraciones urbanas industriales que emitían sus desechos sin importar esencialmente la repercusión sobre la naturaleza, ni los efectos en la salud humana.

Las consecuencias ambientales del desarrollo industrial y de ciertas formas de la producción agropecuaria no se habían reconocido sino en mínima extensión, y toda medida de protección del medio se veía en las esferas productivas como un costo que no podría absorberse —el primer país que lo intentara vería disminuida su posición competitiva frente a los que nada o poco hicieran por reducir la emisión de contaminantes o por invertir en nuevos procesos de producción que los eliminaran—. La desigualdad imperante ya en los años cincuenta y sesenta entre las condiciones de vida y las posibilidades de crecimiento de los países industrializados y aquellas a que estaban sujetos los países en vía de desarrollo no hacían sino acentuar la insistencia de éstos en que el problema ambiental era responsabilidad de los ya industrializados.

Sin embargo, la respuesta de las Naciones Unidas fue positiva: se organizó un programa multilateral, el PNUMA, con recursos limitados, para apoyar acciones y proyectos de mejoramiento ambiental, y se creó conciencia —a través de todo el sistema y en los ámbitos nacionales—, de la necesidad de acometer a nivel internacional una cooperación fructífera en el mismo sentido. En particular, debe señalarse que tanto la OCDE como la Comunidad Económica Europea emprendieron la tarea de impulsar las acciones de protección ambiental. De allí nacieron nociones como la de que "el que contamina paga", la adopción de normas y reglamentos, así como de sanciones a las empresas que no cumplieran con ellos, los primeros programas de capacitación y adiestramiento, la aplicación de nuevas tecnologías y el impulso a la innovación tecnológica para instrumentar las políticas ambientales. Además, se prestó apoyo a la investigación científica en áreas fundamentales como el cambio climático, las amenazas a la biodiversidad, los efectos de la erosión de los suelos y la desforestación y muchas otras. De allí nacieron también retroalimentaciones a los sistemas educativos, en particular a los programas de enseñanza universitaria y de investigación. Se acompañó todo ello de programas de comunicación social y difusión. Los gobiernos de los países industrializados, incitados además por movimientos políticos y por los parlamentos o cámaras legislativas, adoptaron en sus programas nacionales e internacionales aspectos destacados de las políticas ambientales recomendadas y pusieron en marcha programas específicos a distintos niveles con la cooperación de las comunidades locales, de los sectores empresariales y obreros y, en general, de organismos no gubernamentales.

Por las razones apuntadas, los países en vía de desarrollo tardaron mucho en convencerse y en implantar políticas de mejoramiento ambiental. Varios hicieron aprobar una legislación básica y complementaria, pero carecieron de recursos financieros, materiales y humanos con que hacer efectiva la aplicación de las nuevas leyes y reglamentos, y no pusieron en evidencia gran voluntad política que pudiera colocar los programas ambientales en la más elevada prioridad nacional.

Por su parte, los países de la órbita soviética y otros del sistema socialista o de planificación central hicieron poco por reconocer su propio deterioro ambiental, mucho menos por tratar de revertirlo. Entre los numerosos casos de grave falta de responsabilidad figuraron la inadecuada disposición de desechos nucleares y la contaminación de cuencas hídricas, así como la falta de control de las emisiones atmosféricas de carbono y otras sustancias derivadas de la combustión de petróleo y carbón.

A mediados de los años ochenta se llegó a la conclusión de que lo logrado no era suficiente. Cierto es que se reconoció el valor de diversas acciones de mejoramiento ambiental, por ejemplo, en los mares Báltico y Mediterráneo, en la zona lacustre entre Canadá y los Estados Unidos, en vías fluviales de Europa occidental y en las costas de Japón, así como de la sustitución de combustibles tradicionales por otros menos contaminantes de la atmósfera, la aplicación de innovaciones tecnológicas en la fabricación de vehículos automotores y otros equipos y medidas para proteger las áreas boscosas. No obstante, ante el continuado deterioro, la Asamblea General de las Naciones Unidas promovió la creación en 1984 de la Comisión Mundial sobre el Medio Ambiente y el Desarrollo, hoy conocida como la Comisión Brundtland, que produjo en 1987 el informe titulado *Nuestro futuro común*,[16] en el cual se planteó la idea y la meta de alcanzar, a nivel global, regional y nacional, lo que se llamaría el *desarrollo sustentable*.

Las recomendaciones de esta Comisión servirían de fundamento a la convocatoria de la Conferencia de las Naciones Unidas sobre Medio Ambiente y Desarrollo, en junio de 1992, con sede en Rio de Janeiro, en la que participarían representantes de 178 Estados miembros de las Naciones Unidas, entre ellos cerca de 150 jefes de Estado o de gobierno, y en la que estarían presentes también varios centenares de organizaciones no gubernamentales para ventilar en un gran foro paralelo sus puntos de vista científicos o de carácter general sobre los temas de la Conferencia y sobre las perspectivas ambientales del planeta y sus habitantes.

La Conferencia de Rio de Janeiro consagró el concepto de desarrollo sustentable, emitió una Declaración de Principios suscrita por todos los países participantes, aprobó un conjunto de recomendaciones contenidas en un documento denominado *Agenda 21* (o *Programa 21)*, y sometió a la aprobación de los Estados miembros los convenios internacionales sobre Cambio Climático, Biodiversidad y Protección Forestal, además de recomendar estudios más profundos sobre problemas de erosión de suelos y otros.

La Convención sobre el Cambio Climático fue la culminación de varios años de consideraciones y recomendaciones de carácter científico auspiciadas por la UNESCO y diversas orga-

---

[16] Comisión Mundial del Medio Ambiente y el Desarrollo, *Nuestro futuro común*, Madrid, Alianza Editorial, 1987.

nizaciones académicas y de investigación y estudiadas en varias entidades internacionales y regionales. El Convenio sobre Biodiversidad no fue firmado por dos países, pero fue asumido posteriormente por el más importante de éstos, los Estados Unidos. El pacto sobre Protección Forestal, aprobado en principio, quedó pendiente para consideración posterior, y las propuestas referentes a protección de los suelos se turnaron a reuniones también posteriores. Por otro lado, se ratificó el protocolo de Montreal de 1990, por medio del cual los países signatarios, que a la fecha son 150, se comprometieron a reducir y aun eliminar las emisiones de clorofluorocarburos (CFC) y otros gases para proteger la capa de ozono de la atmósfera terrestre y evitar su progresivo adelgazamiento.

En general, se consideró la Conferencia de Rio como un gran avance, y se reconoció a la vez que con simples exhortaciones no se producirían los resultados apetecidos. Se estimó que la aplicación de la *Agenda 21* requeriría, para los países en vía de desarrollo, una transferencia anual equivalente a 125 000 millones de dólares, o sea, 2.5 veces el monto de la ODA reciente, que comprende todas las formas de cooperación financiera internacional. En el fondo, como en todos los demás asuntos inherentes al desarrollo, la instrumentación de los programas ambientales requiere, por una parte, la clara voluntad de los Estados y de las sociedades de darles la más alta prioridad, y por otra, la asignación de recursos financieros, materiales y humanos a su cumplimiento.

El concepto de desarrollo sustentable ya ha sido objeto de muy diversas interpretaciones, en función de consideraciones desde filosóficas hasta prácticas. Llama la atención que en la Declaración de Principios de Rio de Janeiro, que lo menciona varias veces, se evita su definición precisa, aunque se la da tácitamente por supuesta. Debe inferirse que el concepto puede retomarse del informe de la propia Comisión Brundtland, pero que la amplitud de interpretación dependerá de condicionamientos de origen nacional o regional, o aun internacional, a la luz de la gravedad de las tendencias actuales y de la capacidad real que exista para moderarlas o revertirlas.

En *Nuestro futuro común* se manifiesta que el desarrollo sustentable es aquel que se lleve a cabo sin comprometer la capacidad de las generaciones futuras para satisfacer sus propias necesidades ... No se puede asegurar la sostenibilidad física si las políticas de desarrollo no prestan atención a consideraciones tales como cambios en el acceso a los recursos y en la distribución de los costos y beneficios.

Está implícita asimismo "la preocupación por la igualdad social entre las generaciones, preocupación que debe lógicamente extenderse a la igualdad dentro de cada generación". Todavía más, se asevera que "los objetivos del desarrollo económico y social se deben definir desde el punto de vista de sostenibilidad en todos los países, ya sean desarrollados o en desarrollo, de economía de mercado o de planeación centralizada".[17]

De lo anterior se desprende que el desarrollo sustentable no es sólo aquel que conserva para las generaciones futuras los recursos naturales de que dispone el planeta, como algunos lo han interpretado, sino que es mucho más. El desarrollo sustentable es una meta a plazos mediano y largo que supone la adopción gradual pero intencionada de nuevos paradigmas del crecimiento y el desarrollo, tanto económicos como sociales, de las sociedades nacionales y del conjunto de éstas. Dichos nuevos paradigmas comprenden, entre otras cosas: *a)* la reducción sustancial y aun el abandono del empleo de fuentes de energía de origen fósil en la actividad agropecuaria e industrial y la reasignación correlativa de recursos al uso de fuentes de energía renovables y no contaminantes; *b)* el desarrollo y el empleo de la tecnología para el fin anterior y, por extensión, para evitar, reducir y aun eliminar cualquier clase de contaminación atmosférica o de suelos y recursos hídricos por emisiones y desechos provenientes de la actividad industrial y agropecuaria y del funcionamiento normal de la vida urbana, y *c)* la introducción y adopción de normas de consumo para la creciente población mundial que reduzcan al mínimo la utilización de recursos agotables y contaminantes, y en cambio supongan la renovación y el mejoramiento constantes de la calidad de los recursos naturales.

El desarrollo sustentable, si ha de alcanzar los fines de pro-

---

[17] *Nuestro futuro común, op. cit.,* p. 67.

teger a la humanidad futura y garantizarle la calidad de vida necesaria, deberá, en consecuencia, no sólo valorar los recursos del planeta en función de esos objetivos, sino además asegurar que se obtenga mayor equidad social, ya que las desigualdades actuales repercuten precisamente en el abuso de los recursos no renovables del planeta y en general en la degradación ambiental. En consecuencia, no puede hablarse con propiedad sino de desarrollo sustentable y equitativo, que más que una meta debe concebirse como un proceso que alcanzar y mantener. Tiene, por lo tanto, grandes consecuencias en todos los sectores del desarrollo social, entre ellos la educación, la salud, la vivienda, la convivencia urbana, el bienestar rural, la dinámica demográfica, la integridad familiar y la práctica de la democracia. Se requiere —ni más ni menos— una "cultura del desarrollo sustentable y equitativo" como parte integrante del desenvolvimiento de las culturas nacionales.

Se trata de una tarea humana inédita, pero no por ello imposible. Sin embargo, el poder alcanzar el objetivo del desarrollo sustentable y equitativo requiere iniciar y consolidar a corto plazo los procesos necesarios en los ámbitos político, económico, social y cultural. No basta que se generen estos procesos en una sola sociedad, en un solo país, sino que se requiere que la comunidad internacional, principiando por el sistema de las Naciones Unidas, con el apoyo de las organizaciones regionales y otras, respalde de manera efectiva el objetivo y la puesta en marcha de los medios y mecanismos para alcanzar esas metas. Ello está todavía por definirse a nivel internacional.

A falta de estas perspectivas de gran porte, la Conferencia de Rio de Janeiro y sus compromisos no pasan de ser sino un hito, desde luego importante, que por lo menos ha llamado la atención sobre el deterioro ambiental y la necesidad de impulsar acciones concertadas en los aspectos más importantes al alcance de los gobiernos y del propio sistema de las Naciones Unidas.

Para empezar, algunos países han declarado haberse impuesto como objetivo nacional el desarrollo sustentable, lo cual no deja de ser una abstracción con la que pocos podrán estar en desacuerdo pero que carece de programas integrados para poderse llevar a cabo. Se reporta que existen ya más de 100 comisiones nacionales para el desarrollo sustentable, y este término ha sido adoptado por innumerables ONG, aun cuando en lo general sus actividades no han sido muy trascendentes. En los aspectos globales que fueron objeto de los convenios suscritos, y ya ratificados por numerosos países, los avances reales no han sido hasta ahora notables, y falta mucho en el terreno de los compromisos efectivos, sobre todo de carácter internacional. Incluso, en materia de cambio climático, ha habido ya dilaciones significativas como resultado de la reunión de Berlín de marzo de 1995, en la que los Estados Unidos y Canadá tuvieron un enfrentamiento con China y la India que casi hizo fracasar los trabajos y en donde los primeros se mostraron renuentes a hacerse responsables de cumplir sus compromisos anteriores.

El Protocolo de Montreal sobre la protección de la capa de ozono, ratificado por 156 países, ha dado lugar a la adopción de metas, entre ellas la suspensión inmediata de la producción de CFC en los países que ya los producían, con vistas a su eliminación general para el año 2020, mientras los demás hacen la transición necesaria para no emplearlos y los sustituyen por otros compuestos químicos para los usos que se previeron originalmente, en particular para refrigerantes y aerosoles. La conclusión a la que se puede llegar, siempre y cuando los países que tienen necesidad de generalizar el uso de refrigeradores —como China y la India—, adopten las nuevas tecnologías en la materia, es que antes de 20 a 30 años no se habrá eliminado el uso de CFC, o que quedará un residuo no sustituible en su empleo. El daño ya infligido a la capa de ozono no será reversible en un periodo mucho más extenso, ya que el cloro emitido a la atmósfera continuará ejerciendo su efecto. Las consecuencias se advertirán en las mayores dosis de rayos ultravioleta que pasarán a la atmósfera y ocasionarán mayor incidencia de cáncer de la piel en los seres humanos, ceguera y enfermedades en los seres animales y destrucción de organismos anfibios y otros que habitan los océanos. Estas consecuencias influirán a su vez en el cambio climático global que ya se ha estado previendo.[18]

[18] El PNUMA tiene a su cargo el seguimiento del Protocolo de Montreal.

La emisión de CFC a la atmósfera es uno de los factores que contribuyen al cambio climático del futuro. Sin embargo, el más grave es la emisión de carbono resultante de la combustión de carbón, petróleo y gas, que, según se ha demostrado con datos científicos, tiene el efecto de elevar la temperatura atmosférica media —el efecto de invernadero—, mientras no sea contrarrestado totalmente por la absorción de carbono por la vegetación del planeta y por organismos de los océanos. Los grandes sumideros de carbono son los bosques tropicales y otros, que a su vez han sido arrasados, tanto en la Amazonia y otras partes de América Latina cubiertas de vegetación semejante como en el sureste de Asia y en la región central de África, con fines comerciales y de desarrollo contrario al ambiente. La Convención de Rio de Janeiro compromete tanto a reducir las emisiones como a proteger las zonas de absorción y establece plazos para volver a los niveles de emisión de 1990. Las metas no fueron adoptadas tan severamente como hubiera sido conveniente, y en la Conferencia de Berlín de 1995 se aceptaron nuevos aplazamientos por parte de los principales países emisores de carbono. Acerca de los sumideros oceánicos, se desconoce todavía su importancia relativa.

A largo plazo se prevé que aun unas décimas de incremento decenal de la temperatura media de la atmósfera, principalmente en el hemisferio norte, podrían, al provocar deshielos, elevar el nivel de las aguas oceánicas lo suficiente para inundar grandes extensiones de tierras bajas, zonas costeras y numerosos archipiélagos e islas. Se crearía además mayor inestabilidad climática y habría sequías en grandes extensiones de cultivo y desplazamientos de siembras hacia las latitudes nórdicas.

La pérdida de biodiversidad, sobre la cual se ha llamado la atención repetidamente, es otra amenaza al equilibrio ecológico. Los compromisos adquiridos en Rio de Janeiro no aseguran un control adecuado a nivel global ni en los ámbitos nacionales o regionales.

Numerosos países han adquirido ya compromisos, y aun en la India y China se está avanzando en cuanto a información, investigación y capacitación. Véase *Acción Ozono*, publicación trimestral, núms. 17 y 19, enero y julio de 1996, así como el suplemento especial, núm. 3, noviembre de 1995.

La conclusión a la que se puede llegar es que el deterioro ambiental, a todos los niveles, ha adquirido características cada vez más graves y que la reversibilidad de los fenómenos no será tarea sencilla. La protección ambiental no es sino uno de los componentes de una política de desarrollo sustentable, y hasta ahora la más ligera evaluación de lo que se haya logrado en Rio de Janeiro no conduce a una visión optimista.

Muchos piensan que el problema del medio ambiente, que afecta a todas las sociedades y se interrelaciona con todos los demás aspectos de la convivencia humana, ocupará en pocos años la prioridad principal del quehacer humano.

1.1.6. *La perspectiva demográfica*

La evolución demográfica en el siglo XX ha sido muy rápida. La población mundial se incrementó de unos 1 700 millones de personas a principios de siglo a unos 2 500 millones en 1950, es decir, aumentó 47% (tasa media anual de 0.77%). A mediados de 1990 se calculaba en 5 200 millones, es decir, se incrementó 108% en 40 años (tasa media anual de 1.85%).

El descenso de la fecundidad ha sido considerable en los países industrializados, sobre todo en Europa, donde se han alcanzado tasas inferiores a las de remplazo. Ha disminuido asimismo en algunas naciones en vía de desarrollo de gran dimensión como China, así como en numerosas de tamaño poblacional intermedio y bajo. Casi en el mismo periodo, la mortalidad general y la infantil han disminuido en la mayoría de los países gracias a los avances de la higiene, la nutrición y la medicina y al acceso a los servicios de salud. Sin embargo, la tasa media anual de crecimiento demográfico en 1995 se estimaba todavía en 1.7% a nivel mundial: de 0.5% en las regiones de mayor nivel de desarrollo y de 2.1% en las demás. En 1990, la tasa de mortalidad era de 9 por millar en promedio en ambos grupos de países, pero la de natalidad se cifraba en 13 por millar en los primeros y 29 por millar en los segundos.

Estas tasas son casi iguales a las que se registraron entre 1960 y 1975 y en el periodo subsiguiente, por lo que no ha habido resultados significativos de las conferencias mundiales sobre población, la primera de las cuales se llevó a cabo en Bucarest en 1974. Al momento de la Tercera Conferencia, sobre Población y Desarrollo, efectuada en El Cairo en 1994, se estimaba una población mundial de 5 700 millones, 700 millones (9.1%) superior a la de cinco años antes. De este total, 23% habitaba el primer grupo de países y el restante 77% los territorios de las naciones en vía de desarrollo. Los incrementos anuales hoy día superan 90 millones, y se seguirá registrando esta cifra anual hasta pasado el año 2015, cuando se prevé un mínimo de 7 270 millones de habitantes y, según distintos supuestos, un máximo de 7 920 millones, de acuerdo con las previsiones de las Naciones Unidas.[19] Para el año 2050 la proyección baja sería de 7 800 millones y la máxima de 12 500. Las principales variables podrían modificarse para dar un total intermedio de un poco más de 10 000 millones.

Las estimaciones subrayan que, para el año 2015, 90% de los incrementos ocurrirán en los países en desarrollo y que en éstos la proporción de la población menor de 15 años será de alrededor de 30%, en contraste con 36% en la actualidad, aun cuando en algunas regiones, por ejemplo en el continente africano, llegará probablemente todavía a 40% en comparación con 45% en 1995. La elevada proporción de población joven en los países en desarrollo tiene su contraparte, desde luego, en el envejecimiento de las poblaciones de los países de elevado nivel de desarrollo, sobre todo algunos de Europa en que se registran las esperanzas de vida mayores. Sería un error afirmar, no obstante, que en los próximos 40 años la población de los países en desarrollo se estará "envejeciendo", como algunos afirman; sería más correcto decir que habrá proporcionalmente "menos jóvenes en su estructura", con tendencia a la estabilidad, aunque el número absoluto de jóvenes se incremente.

Se considera también que para el año 2025 cerca de 56% de la población mundial vivirá en zonas caracterizadas estadísticamente como urbanas, y que la tasa de crecimiento urbano

[19] Naciones Unidas, *Programa de Acción de la Conferencia Internacional sobre la Población y el Desarrollo,* El Cairo, 5-13 de septiembre de 1994, Naciones Unidas, A/CONF.171/L.1, 12 de mayo de 1994.

será más alta en los países en desarrollo que en los desarrollados. Se calcula que en 1995 alrededor de 30% de la población total de los países en desarrollo, o sea, cerca de 1 300 millones de personas, viven en condiciones de pobreza, principalmente en las zonas rurales de los países en desarrollo; 85% de esa población se concentra en 10 países, y de los 1 300 millones, alrededor de 65% de la población rural y 23% de la urbana viven en condiciones de pobreza absoluta o indigencia.[20]

La Conferencia de El Cairo no sólo puso en evidencia las perspectivas demográficas y sus características, sino que dirigió su atención en especial a posibles nuevas estrategias para la política de población, en el sentido de insistir en la necesidad del descenso de la tasa de fecundidad en los países en desarrollo. Se destacó la conveniencia tanto de adoptar programas eficaces de planificación familiar como de mejorar el *status* de la mujer, su salud, educación y empleo como elementos esenciales que pueden contribuir a limitar, espaciar o reducir la fecundidad. Pese a las controversias que se desataron, puede esperarse que siga descendiendo la tasa media de incremento demográfico, pero tal vez no lo suficiente para significar a mediano plazo una aportación importante al desarrollo sustentable.

La tasa de descenso es decisiva porque, como es bien sabido, en cualquier momento dado la disminución de la fecundidad se manifiesta apenas unos 15 a 20 años después en las cifras absolutas de la fuerza de trabajo o población económicamente activa. Mientras tanto, los grupos de cero a 15 años sobreviven más tiempo porque su mortalidad desciende. Puede esperarse que la PEA siga creciendo, al menos durante una generación, a tasas superiores a las de la población en general. La consecuencia será una tendencia a la generación de una oferta excesiva de fuerza de trabajo en relación con las oportunidades de empleo que el crecimiento de la economía pueda proveer, independientemente de factores tecnológicos y otros que a su vez tienden a *reducir* la tasa de demanda de trabajadores por desplazamiento de los mismos o por inciden-

---

[20] Naciones Unidas, Programa de las Naciones Unidas para el Desarrollo (PNUD), *Informe sobre desarrollo humano 1994*, México, Fondo de Cultura Económica, 1994, cuadro 18.

cias mucho mayores de la mecanización, hoy día por medios electrónicos. Mientras no se eleven los niveles educativos formales y de capacitación, la fuerza de trabajo futura continuará en gran medida estando compuesta por personas analfabetas y de escaso alfabetismo funcional, privadas en consecuencia de posibilidades de empleo.

Al mismo tiempo, de las proyecciones demográficas se deduce que la distribución territorial de la población mundial acusará en el futuro proporciones mayores en las regiones hoy definidas como de menor nivel de ingreso *per capita* y en general de desarrollo, sobre todo en África y América Latina, en virtud de las tasas diferenciales de fecundidad y del advenimiento tardío de la transición demográfica hacia situaciones de baja natalidad y baja mortalidad simultáneas.

Los cambios demográficos, aquí apenas esbozados, son lentos pero seguros, es decir, tienden a no alarmar a corto plazo, pero se magnifican a plazos medios y largos. La población promedio estimada para el año 2015 (entre el mínimo de 7 270 millones de personas y el máximo de 7 920) ejercerá mayor presión sobre el empleo, los recursos, los servicios urbanos, los de salud y educación y en general sobre lo que algunos denominan la "capacidad de carga" del planeta, en especial en los países en desarrollo, donde las desigualdades e injusticias económicas y sociales así como el conjunto de los problemas sociales son ya patentes y, de hecho, han venido en aumento. Por otra parte, el envejecimiento de la población en los países altamente desarrollados y otros tiene reconocidas repercusiones en la capacidad de los sistemas de seguridad social para hacer frente a la demanda de pensiones que aseguren un nivel adecuado de bienestar a los jubilados.

1.1.7. *La situación y perspectiva sociales*

La influencia de la dinámica demográfica a nivel global es y será a tal grado dominante en la vida social futura que vale la pena subrayar, de entrada, dos aspectos que presentan ya características graves y que por su naturaleza y evolución afectan inclusive la convivencia política: *a)* las migraciones, y *b)* el desempleo y la marginación. Además del demográfico, muchos otros elementos influyen en estos fenómenos, pero en casi todas las sociedades del mundo en desarrollo, el elemento poblacional, numérico y cualitativo, tiene peso específico considerable.

Son numerosas las naciones hoy industrializadas cuya formación económica en el siglo XIX —por ejemplo, los Estados Unidos, Canadá y Australia— les permitió alcanzar en relativamente pocos decenios niveles de vida muy elevados. Todas ellas fueron territorios de inmigración masiva, principalmente de Europa occidental. Dicha inmigración se asimiló y sus integrantes entraron a formar parte del acervo de recursos humanos y fuerza de trabajo de creciente calidad sin los cuales el progreso industrial, y aun el agrícola, no habrían sido posibles, y que contribuyeron a la vez a los sistemas educativos, de capacitación y de investigación científica y a la difusión de la tecnología. Se registraron grandes saltos generacionales a medida que la educación se generalizaba y los trabajadores se capacitaban en la actividad industrial misma. La producción utilizaba crecientemente y desarrollaba con asombrosa velocidad tecnologías nuevas, en parte derivadas de los avances científicos y de su aplicación. En algunos países que, comparados con los Estados Unidos y Europa occidental, indicaban un proceso de industrialización rezagada, se generaron progresos semejantes aunque prescindiendo de la inmigración.

En los países de desarrollo tardío, iniciado como en América Latina apenas en la segunda mitad del siglo XX, la inmigración europea (y aun del Medio Oriente) que había ya comenzado con anterioridad, en especial hacia fines del XIX, no se fusionó con procesos integrados de desarrollo salvo en ciertos sectores; la población autóctona, marginada desde el principio y gradualmente mestizada con la de origen europeo, constituyó más que nada mano de obra barata de escaso nivel educativo y baja calificación, con características en algunos casos de semiesclavitud. En estos sectores marginados no se introdujeron los rasgos culturales, sociales y de organización económica que en Europa, los Estados Unidos o Japón determinaron un descenso de la fecundidad. Algo semejante ocurrió en la India y otras partes. El resultado en la segunda mitad del actual siglo fue la incapacidad de los sectores modernos no sólo de crear fuertes mercados internos para la economía, sino de incorporar inmigrantes en gran escala como había ocurrido en el siglo XIX en los Estados Unidos, por ejemplo. Esto ocurrió incluso en los países de crecimiento demográfico lento en los decenios más recientes, por ejemplo Argentina, Chile y Uruguay, como también ha sucedido en varios países del sureste de Asia.

Al acelerarse la dinámica demográfica en la mayoría de los países en desarrollo en la primera mitad del presente siglo, como en varios de América Latina, se generó pronto una situación en que la migración interna entre zonas rurales y urbanas creció en grandes proporciones. Semejante fenómeno ha sido característico de casi todos los países a lo largo de la historia, aunque ocurría antes con menor intensidad. La nueva migración no se ha producido solamente de las áreas rurales más empobrecidas o menos favorecidas para la actividad agropecuaria hacia las zonas urbanas, en especial las centrales y mayores, sino también hacia las ciudades intermedias, cuya tasa de crecimiento demográfico supera con frecuencia la de las grandes metrópolis.

Este proceso precursor de la sobreoferta de fuerza de trabajo se ha presentado con modalidades agudas desde los años cincuenta en países como Brasil, México, Colombia, Venezuela, Perú y algunos de Centroamérica; asimismo, en otros continentes, en Filipinas, Bangladesh, Paquistán y Egipto. La distinción entre migración interna e internacional no es siempre, por cierto, muy precisa; en unos países se han presentado ambas al mismo tiempo, o con matices de temporalidad o cíclicos. En otros, por ejemplo algunas islas del Caribe ex británico, la migración ha sido predominantemente internacional dada la dimensión de esos territorios y se ha dirigido en un principio a las antiguas metrópolis coloniales.

Las causas de la emigración de las áreas rurales son variadas y complejas. Destacan, por una parte, las estructurales, que empujan al migrante en busca de empleos e ingresos, educación y vida más moderna y variada a las ciudades grandes e intermedias y al extranjero. Por otra parte, se comprueba claramente la atracción que han ejercido y aún ejercen determinados mercados de trabajo, como los de los Estados Unidos, Canadá y las naciones de Europa occidental, así como los del Medio Oriente en los momentos de gran auge petrolero. En estos mercados, aun en los sectores de bajos requerimientos educativos o técnicos, como los rurales y los de servicios urbanos, y con más razón en los de alto nivel técnico, los salarios y otros ingresos ejercen una atracción poderosa ya que superan varias veces los que se pueden ganar en el país de origen en trabajos o empleos similares.

La migración interna ha sido y es imparable, con la excepción registrada durante unos 75 años del presente siglo en los países de régimen comunista, que ahora experimentan, por lo menos en la parte europea, migraciones internas incontroladas. Los migrantes han aportado trabajo y contribuido al desarrollo industrial y de los servicios. Sin embargo, hoy en día, en la medida en que las crecientes áreas urbanas modernas carezcan de suficiente oferta de empleo, de infraestructura, de espacios para vivienda, de servicios educativos, de salud, de transporte público y de esparcimiento, la migración interna les representará en muchos casos un costo económico y social adicional. Las familias transmigradas requieren y demandan servicios sin contribuir proporcionalmente a la economía y en particular al costo social de los servicios y las instalaciones, aun cuando, mediante su empleo, cuando éste existe, hagan aportaciones constantes y sustanciales al incremento de la producción local, los ingresos empresariales y la recaudación fiscal. Puede preverse que la urbanización, al menos en cuanto al número de habitantes, continuará por decenios su proceso actual a un costo social cada vez mayor y que significará el poblamiento de zonas cada vez más marginales, lo mismo en las ciudades grandes que en las intermedias. Sólo en Europa occidental se han llevado a la práctica planes urbanos descentralizados de sistemas de ciudades para evitar la expansión desordenada de la "mancha urbana", como ocurre en América Latina, África y partes de Asia.

La migración interna seguirá asociada de manera indefectible a un creciente desempleo y a la marginación como fenómeno estructural tanto económico como social —independientemente de su aspecto coyuntural— debido a que los migrantes suelen tener menor nivel educativo que el resto de la población, cuentan con menos capacitación para el trabajo y se adaptan más lentamente a los cambios impuestos por la modernización de los procesos económico-industriales y comerciales. Con diferencias y matices, se presenta como un fenómeno de carácter universal en los países en desarrollo.

La migración internacional de la segunda mitad del siglo XX, que en ciertos periodos o momentos ha sido un acto de desesperación de los individuos y las familias, sin conciencia a veces de las fronteras políticas por las que han cruzado para disfrutar de condiciones y ambientes más favorables, no llamaba mucho la atención, por ejemplo, hace 30 años, cuando los migrantes no eran demasiados ni se concentraban en determinadas localidades o no adquirían mucha notoriedad. En condiciones como ésas, las consecuencias sociales y políticas de la migración no parecen haber sido muy importantes. Pero una vez que se traspasaron ciertos umbrales, los que variaban según el lugar de origen de los migrantes, los ambientes de los países receptores, la situación coyuntural del empleo y otros factores, el efecto en las comunidades que reciben la corriente migratoria, sea ésta legal o ilegal, ha sido mayor y ha conducido a reacciones de todo tipo. Muchas de éstas se basan en prejuicios, discordancias interétnicas y religiosas, incomprensiones de orden cultural, actitudes defensivas y aun en el supuesto "costo" de los inmigrantes que se señala sin medir los beneficios que su trabajo rinde no sólo a la economía local, sino a las finanzas de las autoridades municipales o regionales. Son de lamentar, a la vez, las migraciones étnicas y políticas forzadas como las que han ocurrido en países de Europa oriental y en vastas zonas de Asia y África en el contexto de conflictos internos y regionales.

De cualquier manera, volviendo a las tendencias demográficas de los países en desarrollo, es casi seguro que la migración internacional aumentará por varios decenios mientras no se mejoren las condiciones de desarrollo económico y social y de absorción de la fuerza de trabajo en esos países.

La actitud gubernamental en las naciones industrializadas se ha endurecido y ha sido el origen de conflictos tanto internos como internacionales, especialmente cuando están involucradas distintas religiones y lenguas, culturas antinómicas, ideologías fundamentalistas, etc. De nuevo, la incidencia en problemas sociales urbanos agravados por el desempleo ha creado condiciones de violencia e inseguridad en grandes partes del mundo.

El desempleo es en todo caso un fenómeno presente en la gran mayoría de los países industrializados, con niveles actuales que oscilan entre 8 y 12% de la fuerza de trabajo y que en algunos casos llegan a 20% o lo rebasan. No se puede tampoco hacer abstracción del desempleo masivo en los países que formaban parte hasta 1989 de la Unión Soviética o del área dominada por ésta en Europa oriental, así como del caso especial de la incorporación de las provincias de Alemania oriental a la occidental.

En los países industriales el desempleo es tanto de índole estructural como coyuntural, asociado a políticas de ajuste macroeconómico pero también a un ya largo periodo de crecimiento menos rápido del PIB y de las tasas de productividad. Dicho desempleo resulta asimismo de los efectos de nuevas tecnologías que demandan menos mano de obra no calificada en sectores importantes y nuevos de la actividad industrial y de servicios, por más que éstos hayan absorbido grandes contingentes de trabajadores jóvenes. Se presenta además un desajuste al parecer crónico entre la oferta potencial de egresados del sistema educativo —en especial de las universidades, las escuelas técnicas y los centros de capacitación tradicionales o no adaptados a la tecnología moderna— y la demanda efectiva de trabajadores y cuadros técnicos. Todo ello no obstante el menor dinamismo demográfico, y casi estancamiento en algunos casos, de la población en algunos de estos países, por ejemplo en Europa occidental y Japón. En ese mismo grupo de países se ha transformado la demanda de mano de obra, con mayor insistencia en la calidad que en la cantidad.

Se da también como factor causante del desempleo la falta de motivación de quienes prefieren ganar un ingreso menor pagado por la seguridad social, a uno mayor que pudiera obtenerse en ciertos trabajos rutinarios, donde, a la vez, los empleadores tienden a no demandar contingentes fijos, sino que ofrecen mayor proporción de trabajos eventuales o de calendarios y horarios no regulares. Hay quienes consideran, al menos en medios políticos, que el desempleo se debe, respecto a determinados niveles de calificación, a que los mercados de trabajo han absorbido inmigrantes ilegales, o aun legales, que compiten con la mano de obra nacional; pero hay pocas pruebas de que sea éste el caso general. Más bien, ha surgido poco a poco lo que algunos han llamado la "cultura del desempleo", que a la postre lleva al individuo a no ser empleable una vez que pasa el umbral y se acomoda en el campo de los marginados, los carentes de hogar, los excluidos de los servicios de salud (o sin acceso efectivo a ellos) o los que están fuera de la ley, que prefieren actividades ilícitas como el tráfico de estupefacientes. En el origen de estas situaciones se descubren con frecuencia graves deficiencias estructurales de la organización social.

En los ajustes económicos de las empresas en Europa y los Estados Unidos es frecuente que pierdan el empleo los trabajadores mayores de 45 años, que difícilmente pueden encontrar nuevo trabajo regular (Japón es un caso especial de conservación del empleo hasta edades avanzadas, pero aun en este país se advierte menos seguridad que antes de poder contar con empleo permanente). Existen programas de reciclamiento y capacitación, pero son de poco éxito salvo para trabajos eventuales o de tiempo parcial. Se han ido creando así —a veces con el concurso de los jóvenes que ingresan a los mercados de trabajo luego de abandonar su ciclo escolar— volúmenes crecientes de desempleados para los cuales no se presenta oportunidad ni solución a corto plazo. En una perspectiva de plazo medio o largo resulta poco probable que los nuevos avances industriales y en los servicios puedan reducir dicha clase de desempleo —antes bien, las fuentes de trabajo prefieren trabajadores jóvenes de buena preparación asociada a las nuevas tendencias económicas—. La obsolescencia de la planta industrial va acompasada con la de la fuerza de trabajo; la renovación de la planta no supone la renovación de los mismos recursos humanos de antes sino la absorción más discriminada de nuevos recursos. Como quiera que sea, el desempleo se ha vuelto un problema estructural que a su vez agrava los de marginación social y desigualdad.

El desempleo ha sido un fenómeno característico desde los años ochenta y especialmente en los años más recientes del último decenio del siglo sin que los sistemas de seguridad social, tanto en Europa como en los Estados Unidos, Canadá y otros países, puedan ya atenderlo. Este gran problema ha sido objeto de estudio en los medios académicos, las comisiones parlamentarias y gubernamentales y los organismos internacionales, entre ellos la OIT, la OCDE, la Comisión de la hoy Unión Europea y otros. No obstante, no se ha formulado un conjunto de políticas viables para abordar el fenómeno, y la respuesta se limita a intentos parciales e ineficaces de acciones para reducir ligeramente su nivel.

Este conjunto de fenómenos se manifiesta también con mayor intensidad en los países de industrialización tardía o de nueva industrialización. En éstos, sin embargo, se advierten algunas características especiales. Por un lado, se ha sustituido en buena medida el empleo formal por el informal; por otro, el adelgazamiento de la función del sector público —y en su caso las privatizaciones— no ha redundado siquiera en más empleo formal, lo que en ausencia de seguros contra el desempleo o sistemas de jubilación anticipada adecuados ha hecho que el sector informal alcance grandes dimensiones (que en algunos países pueden llegar a tener límites).

El sector informal no puede ser un sustituto del empleo en la plena acepción de este concepto, porque no va acompañado de servicios sociales y de salud ni de protección social, ni contribuye de manera directa a estos servicios. Además, aun cuando de él puedan originarse actividades que a la postre se conviertan en empresariales —y desde luego se encuentran importantes iniciativas de este tipo entre quienes han ingresado al sector informal—, en muchos casos no pasan de ser una modalidad de explotación aceptada para poder subsistir, con frecuencia ligada a "mafias" que controlan a grupos de personas que aceptan ingresos mínimos por su trabajo. Mientras el impacto demográfico a que se ha hecho referencia continúe siendo grande —por ejemplo, tasas de fecundidad elevadas e incrementos posteriores inevitables de la fuerza de trabajo a tasas de 2.5 hasta 3.5% anuales—, la sobreoferta de trabajadores no calificados frente a las demandas limitadas y las necesidades de personal de alta calificación seguirán contribuyendo durante decenios a agravar estos aspectos de la problemática social.

Un fenómeno importante de la época actual, asociado en cierta medida al desempleo y la marginación pero que forma parte de una desintegración social más amplia, es la desprotección social aun de familias que tienen relación con el mercado de trabajo. Este problema social se expresa en insuficiencia de servicios comunitarios, baja escolaridad, explotación de niños, discriminación contra la mujer, violencia y abandono, tanto en países industrializados como en aquellos en vía de desarrollo, pero sobre todo en estos últimos. La desintegración familiar acompaña este proceso, en particular en las zonas urbanas, con la consecuente desorientación de los grupos de población que corresponden a las edades de transición de la niñez a la condición adulta.

En los países en desarrollo esta situación adquiere características más agudas y se tropieza con la incapacidad de las autoridades centrales y locales para emprender y financiar programas adecuados. La dinámica demográfica atenta también contra los esfuerzos por hacer frente a la desprotección social. Los pocos programas que existen, en los cuales con frecuencia coopera la sociedad civil, son rebasados por las necesidades, y no se prevé ni a mediano plazo una posibilidad de corregir este desequilibrio social. Por otro lado, la violencia ha adquirido también aspectos sumamente desquiciadores y peligrosos. En algunos países está asociada a la drogadicción y el tráfico de estupefacientes, y en otros deriva de la corrupción de las propias autoridades judiciales y policiacas. Lejos están dichas condiciones sociales y humanas de contribuir a un desarrollo sustentable y equitativo.

Algunos de estos temas se han abordado a nivel internacional por la atención que les prestan las Naciones Unidas. A ello han respondido las conferencias sobre Desarrollo Social en Copenhague en 1994 y sobre la Mujer en Beijing en 1995. Ambas, así como en varios de sus aspectos la Conferencia de El Cairo sobre Población, de 1994, han centrado la atención en el *status* y los derechos de la mujer, no sólo como cuestión de justicia e igualdad jurídica y de oportunidad, sino como reconocimiento de la aportación que le corresponde en los procesos sociales y económicos. Pese a opiniones divergentes y aun actos de oposición en muchas sociedades, es previsible que en los decenios por venir el *status* de la mujer mejore considerablemente, con importantes consecuencias en las condiciones sociales de la familia, las tendencias demográficas y la participación femenina en la actividad económica. A la postre, sin embargo, tendrán que vencerse, país por país, como en tantos otros aspectos de la vida social, resistencias culturales y de grupos de interés, prejuicios y posiciones ideológicas extremas, para mejorar las condiciones sociales y familiares.

1.1.8. *Nacionalismo e identidad cultural*

A nivel mundial, pese a múltiples aspectos derivados de o implícitos en el proceso de globalización, afloran los nacionalismos y las expresiones de identidad cultural. Mucho se ha escrito sobre el ocaso del nacionalismo y la fusión de culturas. En ciertos sectores europeos, sobre todo a raíz de los procesos de integración económica, se ha insistido mucho en la necesidad de atenuar los nacionalismos —al menos como se los ha conocido hasta ahora, en su mayor parte en sus formas negativas y defensivas— y se ha insinuado que las soberanías nacionales constituyen un obstáculo al progreso de la humanidad.[21] La Unión Europea es la única instancia internacional en que existen cesiones de soberanía en actos sobre todo de carácter económico aun cuando también en los de tipo social. En estos últimos la resistencia a la supranacionalidad ha sido considerable, de manera que la política aceptada ha derivado hacia la subsidiariedad, o sea, la aplicación efectiva de la jurisdicción y las atribuciones legales y administrativas nacionales y locales en el marco de las recomendaciones comunitarias. Aun las sociedades europeas, que no han terminado de aceptar la supranacionalidad en muchos de sus asuntos eco-

---

[21] Por ejemplo, en King y Schneider, *op. cit.*, pp. 43-44.

nómicos, ven con mucha prevención la extensión de la misma a asuntos sociales, como tampoco la aceptan en lo político o en las relaciones externas de la UE con otras regiones.

Los países en desarrollo siguen manteniendo su soberanía nacional —plenamente reconocida en la Carta de las Naciones Unidas—, a la que consideran en muchos casos como el último reducto o recurso de defensa ante los embates de las potencias, no obstante que los ejemplos de violación de la soberanía formal son muchos y constantes.

La perspectiva inmediata y aun más allá, sobre todo en los países en desarrollo, será muy probablemente la de afirmar en primer lugar las identidades culturales propias, a pesar de que se aceptan muchas influencias de otras culturas, las que en parte no pasan de ser superficiales. El nacionalismo, sin embargo, ha sido erosionado en medida bastante importante por las ideologías de la globalización, por la subordinación de los países en desarrollo a las estrategias de las empresas transnacionales, por los excesos del endeudamiento externo de los años setenta y ochenta y por la ideología que prevalece en los principales países del G-7 en cuanto a las políticas económicas propias y las de cooperación con el resto del mundo —ideologías que pesan mucho en las actividades de los organismos financieros y monetarios multilaterales—. Pocos países hoy día están en capacidad de llevar a cabo políticas económicas y de desarrollo realmente autónomas, ya que dependen en forma aguda del sistema financiero internacional y de los auxilios del capital del exterior para llevar adelante sus planes de elevación de los ingresos y el empleo. No poco influye en estas situaciones la ausencia de políticas adecuadas o suficientes de ciencia y tecnología en los países en desarrollo, que a su vez se relacionan con las carencias estructurales e institucionales y la ineficiencia de los sistemas educativos. La ecuación autonomía/desarrollo tecnológico no ha encontrado aplicación en la mayoría de los países en vía de desarrollo.

Desarrollo económico, reforma educativa, atención a la desigualdad social y la pobreza, acceso a la información, uso social y económico de los avances científicos y tecnológicos, corrección de los deterioros ambientales, constituyen un conjunto de elementos que, planteados en un marco sistémico, pueden conducir a las generaciones venideras a un desarrollo sustentable y equitativo. En cambio, otros aspectos fundamentales del desarrollo, por el abandono en que se encuentran o la forma insuficiente, inadecuada y secundaria en que se incorporan en las políticas oficiales en las sociedades de los países menos avanzados, difícilmente podrán constituir elementos positivos de conjunto en la formación de sociedades en que se respete e impere el desarrollo sustentable. Un elemento que pesa de manera considerable en las perspectivas futuras lo es también la forma en que las tecnologías de la información pueden contribuir a crear condiciones de equilibrio y seguridad, en lugar de servir para fomentar situaciones desquiciadoras y en muchos casos de desestabilización.

II. LA PERSPECTIVA DE NUEVAS INSTITUCIONALIZACIONES

2.1. La esfera política

2.1.1. *Los regímenes democráticos y su problemática*

Una gran parte de las sociedades de los países en desarrollo, así como las que resultaron de la desintegración de la URSS y se han confederado en repúblicas supuestamente democráticas, han carecido de las normas culturales que suponen la tolerancia, la libre opinión, los derechos de asociación libre, la libre elección de representantes, la autonomía de los poderes legislativo y judicial, la validez de los derechos humanos, la libertad de los medios informativos y otras que caracterizan a las sociedades principalmente europeas y de influencia europea, así como a la norteamericana y a algunas de las surgidas de la ex comunidad británica de naciones. Estas libertades, principios y derechos han estado vigentes históricamente —en algunas naciones desde hace varios siglos— aunque con deficiencias y carencias en muchas ocasiones.

Las potencias se han enfrascado en dos guerras mundiales, no sólo por intereses, sino también, las victoriosas, por el ideal de promover la democracia. No ha sido hasta la caída del régimen comunista soviético cuando se ha abierto una posibilidad real, todavía sujeta a altibajos, de extender a una creciente proporción de la población mundial los principios democráticos. Muchas naciones, por ejemplo en América Latina, han sostenido principios y normas democráticos en sus Constituciones, pero con frecuencia no han podido hacerlos cumplir ni mantener. En Asia y África existen regímenes que van más allá de lo autoritario-democrático y se manifiestan en tiranías militares, afectadas a su vez por tribalismo feudal. Quedan asimismo restos de regímenes comunistas y se extienden ideologías fundamentalistas que no respetan los derechos humanos.

El de la República Popular de China es el más singular de los regímenes que no son democráticos. Sigue siendo un sistema de extracción comunista, y ha pasado de los excesos del maoísmo al mantenimiento más reciente en el poder de una elite doctrinaria. Es manifiesta la falta de libertad de los medios de comunicación y la violación ostensible de los derechos humanos. No obstante, el régimen chino ha establecido con espíritu pragmático reformas parciales en lo económico y comercial y en su actitud hacia la vida exterior.

Cabe subrayar que para China el problema demográfico —tiene 1 200 millones de habitantes, o sea casi 20% de la población mundial actual—, a pesar de que se ha impuesto una política bastante rigurosa de control de la natalidad, es un nubarrón inmenso que condiciona su futuro y el de las políticas económicas y sociales que siga su gobierno. Los avances de China en lo económico y comercial en el último decenio han sido notables, pero se cuestiona su capacidad para seguirlos logrando bajo las políticas actuales, a menos de que surjan condiciones aún no previstas. China no es el único país que se enfrenta a un problema demográfico-ambiental y demográfico-social de primera magnitud (la India es otro ejemplo, en algunos aspectos más grave). No es del caso en este estudio adentrarse en la problemática china, sino hacer notar su máxima importancia para el futuro global y la probabilidad de que las consideraciones sobre la relación de China con el desarrollo sustentable a nivel global tendrán un peso cada vez mayor en toda visión del futuro. Y si el desarrollo sustentable habrá de abarcar, como se ha planteado desde el principio, la equidad y la democratización, así como una extensa y efectiva política de protección ambiental dentro y fuera de un territorio nacional, el caso de China no puede soslayarse. Debe tenerse en cuenta también que el desarrollo económico previsible de China, aun si no continuara a las elevadas tasas actuales, ejercerá indudable presión, ya visible, sobre sus recursos naturales (suelos, bosques y agua) y sobre los que demande de otros países para atender la necesidad interna de cereales y otros granos, así como para dotar a su industria moderna de energéticos, especialmente petróleo y sus derivados. El empleo del carbón como fuente importante de energía industrial y urbana es reconocido ya como altamente contaminante y obligará a China a sustituirlo a largo plazo.

Ahora bien, sin poner en duda los elevados objetivos de la democratización ni los avances que se registren en diferentes partes del mundo, queda por definir la capacidad de los regímenes existentes para transformarse, si ésa es la intención real, en auténticamente democráticos, no sólo en cuanto a procesos electorales, sino a la aplicación de las normas y principios a que se hace referencia. Las experiencias de los últimos años indican que la democratización se producirá probablemente más por procesos internos que por presiones externas internacionales, ya sea que provengan de las Naciones Unidas, la Unión Europea u otras organizaciones institucionales o de los Estados Unidos. La base democrática tendrá que derivar de la cultura de una sociedad —como lo ha sido históricamente—, de su acceso a la información, de la defensa de los derechos humanos, de la autonomía y probidad de las instituciones del poder judicial, de un relativo éxito en el desarrollo económico y el crecimiento y de la tolerancia y la institucionalización, vía partidos políticos y asociaciones de la sociedad civil y vía funciones legítimas del Estado. Es previsible que el horizonte para el logro de estos objetivos en muchas sociedades de los países en desarrollo, así como en los que transitan de los sistemas comunistas a los sistemas abiertos, esté aún bastante lejano.

La relación de estos procesos con la posibilidad de alcanzar condiciones de desarrollo sustentable deberá ser bastante evidente. Por ahora se vive en un frágil equilibrio de sistemas de poder económico y político, de alianzas, de poderío militar latente y aun demostrable como en la guerra del Golfo, en Bosnia y en el Medio Oriente, y no se han despejado totalmente las amenazas de guerra nuclear que sin duda alguna, de cumplirse, acabarían con la esperanza del desarrollo sustentable y con un porvenir seguro para la especie humana. A ello se añade el poderío económico-financiero que refuerza estas posibilidades y que a su vez crea inestabilidades difíciles de dominar y contribuye a la ingobernabilidad a nivel mundial. El que el sistema de las Naciones Unidas pueda intervenir con eficacia para contrarrestar estas tendencias está aún por verse.

En los años recientes se ha prestado significativa atención al tema de la gobernabilidad y, más concretamente, a la perspectiva de la "gobernación" *(governance)* a escala mundial. La Comisión sobre la Gobernación Global, resultado de la Iniciativa de Estocolmo de 1991 y apoyada con posterioridad, a principios de 1992, por el secretario general de las Naciones Unidas, define la gobernación global de la siguiente manera:

> La gobernación es la suma de las muchas formas en que los individuos y las instituciones, lo mismo públicas que privadas, administran sus asuntos. Es un proceso continuo por medio del cual los intereses en conflicto o diversos pueden acomodarse unos a otros y pueden tomarse acciones en cooperación. Comprende las instituciones formales y a los regímenes encargados de hacer cumplir los acuerdos, así como los arreglos informales que las personas y las instituciones hayan acordado o consideren que les convenga acordar... Al nivel global, la gobernación se ha considerado referida principalmente a las relaciones intergubernamentales; sin embargo, debe ahora entenderse que se refiere también a las organizaciones no gubernamentales (ONG), a los movimientos de ciudadanos, a las empresas transnacionales y al mercado global de capitales. Con estas modalidades interactúan los medios masivos globales de comunicación, cuya influencia se ha ampliado de manera extraordinaria.[1]

O sea que la gobernación global tiene que ver con la capacidad para administrar los valores políticos, éticos, económicos y sociales en beneficio de las poblaciones, con la inclusión de los nuevos actores no gubernamentales. La Comisión afirma que no existe un solo modelo de gobernación global: "...es un proceso amplio, dinámico y complejo de toma interactiva de decisiones que evoluciona de manera constante y que da respuesta a condiciones cambiantes... [Al] reconocer la naturaleza sistémica de los problemas, deberán promoverse enfoques sistémicos para tratarlos". Será un proceso com-

---

[1] Commission on Global Governance, *Our Global Neighbourhood, The Report of the Commission*..., Oxford University Press, 1995, pp. 2-3 (traducción libre no oficial). Véase también Edward C. Luck y Gene M. Lyons, *The United Nations: Fifty Years After San Francisco: A Conference Report*, The John Sloan Dickey Center for International Understanding, Occasional Paper, Dartmouth College, Hanover, New Hampshire, 1995.

plicado y más democrático —por permitir la participación— que en épocas pasadas, y deberá ser flexible. Se requerirá tanto reformar las instituciones intergubernamentales existentes como mejorar los medios de colaboración con los grupos privados y los independientes.[2] Un politólogo norteamericano, Kenneth H. Hoover, ha afirmado, por otra parte, que

> el problema crítico de la gobernación es el de establecer la legitimidad del ejercicio de la autoridad y del poder coercitivo mediante la obtención del compromiso de los ciudadanos. Sin este compromiso, el Estado se ve constreñido a elegir entre el uso de la fuerza y la disminución de sus funciones. A largo plazo, el futuro del capitalismo conservador dependerá de que pueda proveer una forma viable de gobernación en las condiciones políticas del siglo XXI.[3]

Sería prematuro considerar la probabilidad de que este proceso empiece a manifestarse de inmediato, sobre todo en el área de las Naciones Unidas. No obstante, la participación de las ONG en los debates y ciertas negociaciones en el sistema de las Naciones Unidas se ha ampliado ya, y a nivel nacional ha crecido en grandes proporciones la intervención de las ONG y otros organismos independientes. Por otra parte, no corresponde formalmente a las Naciones Unidas encargarse de la gobernación global, aunque pueda ser un elemento central por ser la única instancia universal, el único foro abierto a todos.

2.1.2. *Las Naciones Unidas y el multilateralismo*

No obstante la perspectiva general descrita en el apartado anterior, existe una opinión generalizada de que las Naciones Unidas están en una situación de grave crisis por la falta de

---

[2] Commision on Global Governance, *op. cit.*, pp. 4-5.
[3] Kenneth H. Hoover, Departamento de Ciencia Política, Western Washington University, Bellingham, Washington, en "The future of conservative capitalism", ponencia presentada en la Conferencia sobre el Conservatismo en la Región Norteamericana: Tendencias Actuales y Perspectivas, organizada por el Centro de Investigaciones sobre América del Norte de la Universidad Nacional Autónoma de México, 2 de febrero de 1996.

acción en muchos asuntos que corresponden a su mandato y por la tendencia de los países más importantes, en el pasado y en la actualidad, a emplear los mecanismos multilaterales para su propios fines de protagonismo y dominio, al margen de sus áreas precisas de competencia y sin brindar apoyo en su función fundamental. La Carta de las Naciones Unidas firmada en San Francisco en junio de 1945 fue un pacto asumido originalmente por sólo 50 gobiernos al calor del fin de la segunda Guerra Mundial, pero que ahora debe aplicarse, en circunstancias distintas, a 185 Estados independientes. Sería erróneo y hasta peligroso desestimar los resultados benéficos que a lo largo de 50 años ha tenido el primer intento mundial de producir cohesión de los Estados en cuanto al mantenimiento de la paz, la eliminación de conflictos y el mejoramiento de las condiciones económicas y sociales de la humanidad. Igualmente, sería ingenuo pensar que las Naciones Unidas pudieran constituir una especie de gobierno internacional o supranacional. Sin embargo, las voces en pro de su reforma han sido en los últimos años más expresivas e insistentes y se les ha atendido en muchas esferas.

Se ha considerado una serie de posibles reformas al sistema de las Naciones Unidas, empezando por su Carta constitutiva. Ningún proyecto de reforma ha contado con verdadero apoyo y la ONU ha caído en desprestigio, aparte de su relativa ineficacia en muchas áreas, su excesiva burocratización y su costo, varios miembros destacados no contribuyen o lo hacen de manera insuficiente. Es indudable que una de las primeras reformas debería ser la ampliación del Consejo de Seguridad y la eliminación del veto de que gozan las cinco potencias principales, a cambio de mecanismos eficaces de obtención de consensos regionales e interregionales, para que la Asamblea General quede como un gran foro de discusión y de orientaciones susceptibles de cumplirse en otras instancias.

Otra reforma que parece necesaria es coordinar las acciones de las Naciones Unidas en las esferas económica y social, incluida la del medio ambiente, junto con la redefinición de sus objetivos, en particular en cuanto al mejoramiento de las condiciones sociales, culturales y económicas en los países de menores niveles de desarrollo, afectadas por grandes y al parecer insalvables desigualdades internas, siempre de acuerdo con los aparentes consensos nacionales. Los mecanismos e instancias a que se ha recurrido hasta ahora, o que han sido propuestos en distintos momentos por un solo grupo de países, no han logrado resultados.

La consideración multilateral de la problemática global se impone cada día en mayor medida, frente a concepciones de poder o de dominio bilateral o de clientelismo que han privado en muchas partes. Pero el multilateralismo no puede manifestarse con eficacia si no lleva implícita a su vez la descentralización, sea regional o por grupos de países, en que los objetivos y los medios se definan con apego a consensos internos y no a simples voluntades gubernamentales. He allí uno de los aspectos más difíciles de tratar en los años venideros en relación con la problemática global. Sin duda que el papel que deberá desempeñar la sociedad civil, representada por las organizaciones no gubernamentales de los países miembros y las internacionales o multilaterales del mismo género que se hayan creado, habrá de adquirir creciente importancia.

En las conferencias internacionales de las Naciones Unidas de los últimos 25 años se han oído con más insistencia las voces de las ONG, así como en los foros paralelos y no menos en las comisiones preparatorias; entre los muchos tipos de ONG no han faltado las de carácter científico-académicas, por ejemplo en materia de energía atómica, desarme nuclear, cambio climático, biodiversidad y otros aspectos del medio ambiente. Asimismo, se les ha escuchado en asuntos sociales, por ejemplo el *status* de la mujer, la política demográfica, la desintegración familiar, la nutrición y la salud, las minorías étnicas, la educación y la cultura.

Mas no se da entrada a las ONG en los asuntos económicos y financieros, excepto por medio de asociaciones profesionales científicas inscritas en la UNESCO, las que carecen de toda influencia. El Fondo Monetario Internacional, el Grupo del Banco Mundial, los bancos regionales, la Organización Mundial de Comercio y otros organismos multilaterales no aceptan ni escuchan la opinión profesional en esos terrenos. No han faltado voces y presiones sobre ese grupo de organismos internacionales, las que se expresan en conferencias, en los medios de comunicación y mediante la actividad editorial y cuyo carácter varía desde el científico-profesional hasta el de militancia popular, con pocos resultados hasta ahora. En los años venideros habrá que crear caminos adecuados para canalizar las opiniones de las ONG de distinto tipo, a fin de contribuir a la búsqueda de consensos.

2.1.3. *La cuestión de la soberanía*

A medida que ha avanzado la internacionalización, que en cierta forma es parte de la globalización en su sentido más amplio y que se expresa no sólo en el sistema de las Naciones Unidas, sino en agrupamientos regionales formales como la Unión Europea, han surgido interrogantes sobre el concepto de la soberanía de las naciones.[4] En realidad, esta discusión se presentó a partir de la primera Guerra Mundial al establecerse la Sociedad de Naciones. Los Estados hoy miembros de las Naciones Unidas son soberanos; sin embargo, en los grandes consensos que se han logrado a ese nivel para aproximarse a la solución de problemas planteados es evidente que, por decisión de los propios gobiernos signatarios de los tratados, convenciones, acuerdos e instrumentos similares, se han hecho concesiones a la noción de la soberanía absoluta entendida en el sentido tradicional, aunque, desde sus orígenes, siempre se han reconocido condicionantes reales y jurídicas a este concepto. Es más, sin tales concesiones no se podría haber creado el sistema de las Naciones Unidas. Por lo demás, una de las facultades estatales derivadas del concepto de soberanía ha sido la de suscribir tratados internacionales.

En organismos multilaterales como la Unión Europea se ha aceptado la supranacionalidad en algunos temas económico-comerciales y financiero-monetarios de primera importancia, en ciertos asuntos ambientales y aun en determinados asuntos sociales. La aceptación por las legislaturas nacionales de los acuerdos de la Unión Europea son en términos generales

---

[4] Véase, entre otras referencias, King y Schneider, *op. cit*, pp. 42-43, citada en el cap. I, sección 1.1.8 del presente informe.

una cesión parcial, consensada, de la soberanía, y además se han admitido compromisos de convergencia cuasiobligatorios derivados del Tratado de Maastricht de 1991. Por añadidura, se han creado instancias legislativas y regulatorias también supranacionales, y un Consejo de Europa y un Parlamento Europeo con facultades definidas. Es decir, el concepto tradicional de soberanía jurídico-política y territorial se ha transformado no por la dominación abierta de un Estado sobre otro u otros, sino por acuerdo y consenso democráticos. Se trata de concesiones de soberanía condicionadas, en las que los Estados signatarios se reservan determinadas facultades. En el Tratado de Maastricht se admitió expresamente la subsidiariedad, es decir, el derecho de los países miembros de aplicar de manera descentralizada y atendiendo a su propia legislación, y no por intermedio de un órgano supranacional, determinados compromisos económico-financieros y sociales adquiridos a nivel comunitario. En todo caso, es conveniente tener en cuenta que los movimientos europeos de integración han venido evolucionando de manera gradual hacia un sistema federal que, al perfeccionarse, podría hacer desaparecer la soberanía de los Estados miembros. Sin embargo, la terminación de este proceso se considera aún distante.

Otra vertiente importante, fincada en la realidad, es la del condicionamiento de soberanía económica a que unos Estados contemporáneos se ven expuestos ante el poderío de las empresas transnacionales. Estas empresas son a veces más poderosas que los gobiernos soberanos, actúan a nivel internacional y global, imponen sus criterios sobre materias tan importantes como las políticas de inversión, crédito, comercio, fiscales, monetarias y de acceso a los recursos naturales. Lo hacen no sólo con los países débiles, por ejemplo en África, sino con los países en desarrollo cuya trayectoria de independencia soberana data de hace cerca de dos siglos, como en el caso de América Latina. Las empresas transnacionales y sus conglomerados y alianzas toman decisiones, aun sin acuerdo con sus propios gobiernos, que afectan la economía, las situaciones sociales y las bases culturales de muchos países. Lo hacen sin consideración de los objetivos de la Carta de la ONU ni coordinación alguna con los programas y las acciones del sistema de las Naciones Unidas o de otros organismos multilaterales. Lo hacen en su empeño por tener acceso a los recursos que necesitan o desean controlar, muchas veces sin respeto a las políticas ambientales. Lo hacen en función de sus propios objetivos de lucro y de poder, así como de conformación de las sociedades en que tienen su sede principal o de las que son objeto de sus inversiones.

Los ejemplos son tantos que no es necesario darlos; se trata de una materia abundantemente conocida y documentada. Lo que se desea establecer es que la perspectiva global en que está inscrito el objetivo del desarrollo sustentable está condicionada también por el poderío de las empresas transnacionales, por encima de la noción tradicional de soberanía pero sin atentar formalmente contra ésta, definiendo así una situación de soberanía relativa que no reconoce fronteras y que, en los hechos económicos y financieros, provoca sumisión de los países independientes con obvia cesión efectiva de su soberanía.

La experiencia europea, sin embargo, muestra hasta qué punto se puede contrarrestar esta perspectiva mediante una organización con poderes supranacionales como la Unión Europea, con medidas de cohesión que respondan a nuevos mandatos consensados y superiores para el futuro de las poblaciones de los propios países miembros de la UE y otros que se asocien parcialmente a esos objetivos. En la UE, pese a conflictos, dudas y resquemores, y aun en ocasiones excesos, no se ha producido ninguna amenaza a la democracia; antes bien, los procesos democráticos se han fortalecido. Es más, el Tratado de Maastricht contiene disposiciones relativas al fortalecimiento de la identidad cultural de sus países miembros y a la cooperación cultural. No se debe subestimar la importancia de la experiencia de la UE, aun cuando tampoco se podrán abrigar ilusiones de que pueda ser reproducida en regiones y sociedades de distinta trayectoria cultural y política. El avance de tratados y convenciones regionales o subregionales —por ejemplo, mercados comunes y tratados o acuerdos de libre comercio— podría en ciertas circunstancias ir en la misma dirección. La diferencia con la UE, sin embargo, es que en esta última no existen graves asimetrías entre las naciones miembros, ni en lo económico y sus resultados, ni en lo político y sus expresiones partidarias e institucionales.[5] No es que no haya habido errores y fracasos y muchas dificultades por vencer, pero ha sido un largo periodo de aprendizaje propositivo y positivo que ha echado raíces y que tiene fuertes respaldos culturales consensados.

En el ámbito del derecho internacional, en el cual la Comisión de Derecho Internacional de las Naciones Unidas ha llevado a cabo una labor extraordinaria, se acepta también que existe un "derecho internacional *soft*" constituido por las convenciones aceptadas bajo los auspicios de las Naciones Unidas y aun por las recomendaciones contenidas en las resoluciones de la Asamblea General, que cada día influyen más en el ejercicio de la soberanía de los Estados miembros pues entrañan compromisos y en algunos casos obligatoriedad.

2.2. Economía y medio ambiente

2.2.1. *La cooperación económica*

En los años de los "decenios del desarrollo" promovidos en las Naciones Unidas por los países en vía de desarrollo —en su momento llamados del Tercer Mundo y, en el caso de un grupo determinado de ellos, los Países No Alineados— llegaron a abrigarse grandes esperanzas de que se fortalecería la cooperación económica internacional a favor del progreso. Sin embargo, sin mucho disimulo, las grandes potencias industriales constituyeron un bloque aparte en las instancias del sistema multilateral, opuesto casi de manera sistemática a todas las propuestas provenientes del grupo que llegó a llamarse De

[5] Cabe recordar la recomendación del profesor Jan Tinbergen, Premio Nobel, quien hacía ver que la razón entre los sectores de más altos ingresos y los de ingresos más bajos, cercana a 3-1 en la Comunidad Económica Europea de los años setenta, podía considerarse "apenas aceptable", pero que sería "necesaria para la estabilidad política del mundo" y sólo podría alcanzarse entre las regiones y los países "en un periodo de 42 años". Y añadía: "Por supuesto, falta saber si los pobres estarían dispuestos a esperar medio siglo..." (Jan Tinbergen [coord.], *Reestructuración del orden internacional: Informe al Club de Roma*, México, Fondo de Cultura Económica, 1977, cap. vi, p. 148).

los 77. Las potencias industriales han dejado de apoyar la cooperación económica y financiera internacional en el sentido en que ésta aparece en la Carta de las Naciones Unidas. Desde las altas tribunas de la Asamblea General y el Consejo Económico y Social de la ONU el número de consensos *no* logrados y de oposición sorda a una serie de propuestas de diversos órganos subsidiarios para regular el desarrollo económico y su financiamiento ha sido mayor que el de los casos de acuerdo y éxito. En la medida en que ha existido cooperación multilateral, ésta se ha llevado a cabo en gran parte en los términos y condiciones de los países desarrollados. Es más, en épocas recientes se ha transformado en modalidades de cooperación económica bilateral o en aspectos particulares no integrados con políticas de desarrollo.

No deberá extrañar a nadie que, no obstante la Carta de San Francisco, la política de cooperación económica y financiera haya estado desde el principio marcada, con las justificaciones que la segunda Guerra Mundial imponía, por los puntos de vista de las principales potencias económicas. El Fondo Monetario Internacional y el Banco Internacional de Reconstrucción y Fomento se crearon en 1944 a instancias de los Estados Unidos y el Reino Unido, con la participación adicional pero secundaria de 42 gobiernos más —antes de firmarse la Carta de las Naciones Unidas en 1945—. Los acuerdos fueron ratificados en 1946 y ambos organismos empezaron a funcionar en 1947, todo ello en forma independiente de la Asamblea General de las Naciones Unidas. El Fondo Monetario Internacional y el Banco Mundial firmaron posteriormente convenios con las Naciones Unidas para obtener la categoría de organismos especializados, aceptándose sus modalidades propias, entre las que priva la suscripción de participaciones financieras desiguales que a su vez dan derecho a un número de votos también desigual, es decir, a un sistema de voto ponderado a favor de las potencias mayores. En un principio sus funciones tuvieron indudable utilidad y fueron ampliamente apreciadas. Se concentraron, por una parte, en el terreno de la estabilización monetaria y la liberación de los controles y restricciones sobre el movimiento de divisas, y, por otra, en la reanudación y estímulo de los movimientos de capital a largo plazo —primero para las tareas de reconstrucción europea y, gradualmente, para el desarrollo de la economía de los países miembros—.

No obstante, a partir del Plan Marshall en 1948, tanto el FMI como el BM quedaron marginados de las principales actividades que habían emprendido en Europa occidental. El Plan Marshall fue un entendimiento directo entre Europa occidental y los Estados Unidos destinado a hacer posible la recuperación de la economía europea y, secundariamente, a influir en la economía internacional en general. En este aspecto, el FMI y el BM, a partir de 1949, dirigieron su acción y sus programas en forma creciente a los países no europeos, entre ellos los países en vía de desarrollo.[6]

Por lo demás, junto con el FMI y el BM no se creó un instrumento concebido desde el inicio como complemento indispensable: un organismo que liberara el comercio internacional del enjambre de restricciones de los periodos de preguerra y del sistema de economía de guerra. La creación de una Organización del Comercio Internacional, promovida dentro de los mecanismos de negociación de las Naciones Unidas —la Conferencia sobre Comercio y Empleo de La Habana de 1948—, jamás recibió el apoyo necesario del Congreso norteamericano, y en su lugar quedó un mecanismo transitorio para las negociaciones arancelarias, el GATT, al que adhirió al principio solamente una veintena de países.

Las potencias económicas, en un contexto político internacional que afectaba obviamente a las Naciones Unidas, en que se perfilaban la Guerra Fría y la hostilidad de los países en vía de desarrollo y los de reciente independencia en África y otras regiones, obstruyeron a partir de los años cincuenta todo proyecto de creación de nuevos organismos financieros multila-

---

[6] La Unión Soviética participó en la Conferencia de Bretton Woods en 1944 y aprobó el Acta Final, que contenía los convenios para crear el FMI y el BM, pero posteriormente se negó a ratificarlos. Checoslovaquia y Polonia, que habían estado representadas por sus gobiernos en el exilio, fueron obligadas años después a retirarse de ambos organismos al producirse sobre ellas el control político de la Unión Soviética. Cuba formó parte inicialmente del Fondo y el Banco, pero se retiró en 1960. Rusia y los nuevos países democráticos de Europa oriental han vuelto a integrarse a los organismos de Bretton Woods.

terales para el desarrollo, dentro y fuera de las Naciones Unidas. Apoyaron en cambio el fortalecimiento de los mecanismos de cooperación intraeuropea que al fin llevaron a la firma del Tratado de Roma de 1957, el cual dio base a la Comunidad Económica Europea.

Con todo, a medida que se ampliaba el número de miembros de las Naciones Unidas, y bajo la presión de los países en vía de desarrollo y los No Alineados y con el apoyo tácito y a veces explícito del bloque soviético, se adoptaron en las Naciones Unidas programas en pro del desarrollo: los decenios del desarrollo y los grandes programas de asistencia o cooperación técnica. Además, se establecieron mecanismos de estudio, consulta y colaboración, como la UNCTAD (1963). Previamente se habían creado las comisiones económicas regionales, entre ellas la de Europa, la CEPAL, la de Asia y el Pacífico y más tarde las de África y de Asia occidental. La asistencia técnica, concepto asumido por las Naciones Unidas a partir del célebre Punto Cuarto del discurso de toma de posesión del presidente Truman en 1948 —y que desembocó años más tarde en el Programa de las Naciones Unidas para el Desarrollo (PNUD) y varios fondos semejantes tales como el Fondo para la Infancia (UNICEF), el de Población y el de Medio Ambiente—, fue la principal vertiente apoyada por las llamadas potencias occidentales en pro del desarrollo por medios multilaterales y en muchos casos la única que no encubría intereses bilaterales o que los mantenía matizados. En otra etapa, y atendiendo a intereses regionales, aceptaron la creación de los bancos multilaterales regionales, como el BID (1960) y el Banco de Desarrollo del Caribe en la región latinoamericana y los correspondientes de Asia y África.

La OCDE estableció, por otra parte, un Comité de Asistencia al Desarrollo (DAC), que se abocó a la tarea de contabilizar anualmente los flujos de fondos multilaterales y bilaterales destinados a la promoción económica de los países en vía de desarrollo. En fecha reciente se cifraron, en montos ya estables, sin nuevos aumentos, en alrededor de 56 000 a 60 000 millones de dólares al año a precios corrientes (flujos, por lo demás, no exentos de problemas de definición y precisión respecto al concepto de "cooperación").[7] El DAC tuvo además por objeto verificar si los países del Primer Mundo estaban o no cumpliendo el objetivo adoptado en las Naciones Unidas de aportar 0.7% del PIB a la "asistencia internacional"; sólo muy pocos países, entre ellos Suecia, Dinamarca y Noruega, han alcanzado dicha proporción, y el promedio es de 0.3 por ciento.

Con el tiempo, el conjunto de la coordinación de las políticas económicas internacionales ha quedado en manos de un grupo reducido de países, el G-7 (los Estados Unidos, Canadá, la Gran Bretaña, Alemania, Francia, Italia y Japón), al que se ha invitado a participar a Rusia. Los mismos países dominan las políticas del FMI y el BM y, teniendo en cuenta además a la UE, influyeron en el GATT hasta 1994, cuando entró en vigor el nuevo organismo multilateral, la Organización Mundial de Comercio (OMC). A nivel regional, el peso de los organismos multilaterales regionales es bastante débil, incluso el de los bancos regionales. Y aun a nivel bilateral, con algunas excepciones, se ha vuelto a los arreglos directos, al gusto de los gobiernos de los países desarrollados que por algún motivo especial se ven motivados a hacer préstamos, ofrecer asistencia técnica, firmar convenios comerciales, entrar en convenios sobre inversiones extranjeras, etc. Muchas veces la cooperación económica bilateral va ligada a compromisos políticos y, en el orden militar, conlleva apoyos en armamento. Durante los años del auge petrolero (1973-1981) el financiamiento internacional a los países en desarrollo estuvo en manos principalmente de la banca comercial de Europa occidental, Canadá, Japón y los Estados Unidos gracias a los depósitos creados en ellos por los países exportadores de petróleo; el FMI y el BM se quedaron bastante al margen.

Mientras tanto, como queda comprobado en la documentación de las Naciones Unidas (los informes del PNUD, la Secretaría General y las comisiones regionales y otros), del Banco Mundial mismo y de innumerables organismos, entre ellos la OCDE e instituciones internacionales y nacionales, la desigualdad entre las condiciones económicas y financieras en que operan los países en desarrollo, por un lado, y los de nivel ele-

---

[7] OECD, Development Assistance Committee, *op. cit.*, en el cap. I de este informe.

vado de industrialización y otros que han alcanzado ya muy altos niveles de ingreso *per capita* y de condiciones sociales y humanas, se ha ampliado y parece insalvable. Es más, no operan instancias en que se estudie la posibilidad de crear nuevas institucionalizaciones para remediar esta situación, ni siquiera de reformar los mecanismos institucionales existentes. Las principales potencias llevan ya años de aconsejar a los países de menor nivel de ingreso la implantación de políticas económicas y financieras en que los actores tendrían que ser las fuerzas del mercado, es decir, los instrumentos en que las ventajas están a favor de las grandes empresas transnacionales y en su caso nacionales aliadas con ellas, así como de las instituciones financieras privadas, sin mayor aportación de los organismos multilaterales del área financiera y económica. Muchos de los principales aspectos de las políticas de desarrollo económico y social quedan cada vez más sujetos a las orientaciones preferidas del Banco Mundial y el FMI. Tampoco se admite la intervención del Estado en la economía de los países en desarrollo, ya dañados en su capacidad de gestión económico-financiera y aun política por el adelgazamiento de su función económica y por las obligaciones originadas en la enorme deuda externa.

No está a la vista en la actualidad una perspectiva clara, o más bien ninguna, que presagie una activa cooperación económica internacional, multilateral o global para los fines de desarrollo de las tres cuartas partes de la humanidad que constituyen, con bastantes variantes, el mundo de los países en vía de desarrollo, muchos de los cuales han sufrido durante largo periodo una fuerte tendencia al deterioro. La tarea de la cooperación internacional la vislumbran los países industrializados como una que compete más que nada a los propios países en desarrollo con sus propios medios —lo que no sería una estrategia equivocada si no fuera porque tales medios son escasos frente a las necesidades (salvo contadas excepciones)—. El peso del servicio de la deuda externa contraída entre 1973 y 1983 por los países en desarrollo no ha podido ser aliviado de manera significativa. Se apela con demasiado optimismo al apoyo que pudieran significar las inversiones extranjeras directas y se supone, equivocadamente, que todos los países en desarrollo están en iguales condiciones para promover sus exportaciones hacia aquellos con elevados niveles de ingreso *per capita*.

En estas condiciones, deberá verse con escepticismo la posibilidad de reorientar las políticas nacionales o regionales, o las de los organismos multilaterales, hacia el desarrollo sustentable con equidad que se postuló en el Informe Brundtland y se adoptó como consigna en la Conferencia de Rio de Janeiro sobre Medio Ambiente y Desarrollo.

2.2.2. *El desarrollo sustentable y la energía*

A nivel global, el objetivo del desarrollo sustentable ha empezado a tener seguimiento por parte de la Comisión del Desarrollo Sustentable (CDS), creada en 1993 por la Asamblea General de las Naciones Unidas como dependencia del Consejo Económico y Social. Sin embargo, lo más probable es que este órgano, dada su condición subordinada, no alcance a tener más funciones que la supervisión y tal vez alguna coordinación de las actividades de los distintos organismos especializados del sistema de las Naciones Unidas, incluido sobre todo el PNUMA —por lo menos en el campo de la información—, ya que cada organismo tiene su propio órgano de gobierno. Se supone que la CDS tendrá también intervención en la aplicación de las convenciones sobre cambio climático, los protocolos de Montreal relativos a la capa superior de ozono, la referente a la biodiversidad y otras. Si se tienen en cuenta los antecedentes de otras conferencias de las Naciones Unidas como la de Rio de Janeiro en 1992, la CDS tendría a su cargo la organización de una nueva Conferencia sobre Medio Ambiente y Desarrollo (esta vez Sustentable) 10 años después, o sea, en el 2002. En el ínterin podrá haber un sinnúmero de reuniones de comités especiales y regionales, comités *ad hoc*, etc. acerca de una amplia gama de asuntos relacionados con el desarrollo sustentable. Entre ellos tal vez ocupe un lugar importante la cuestión de la energía de origen fósil, cuyo uso afecta doblemente el desarrollo sustentable: por el hecho de que los yacimientos de petróleo y gas son agotables a determinado plazo y porque la contaminación atmosférica derivada de su empleo contribuye al aumento del efecto de invernadero y en consecuencia al cambio climático.

Sin embargo, el desarrollo sustentable no se instaurará a nivel global porque las Naciones Unidas se ocupen del asunto, sino porque en los gobiernos y las sociedades que representan vayan asentándose las actitudes, las políticas y los programas que permitan generar los procesos que lleven a ese objetivo. No basta que unos cuantos países, por ejemplo los escandinavos o Japón, asuman ese importante papel, sino que tendrían que incorporarse todas las naciones, principalmente aquellas que más contribuyen al deterioro ambiental. Tendrá primacía el fenómeno causado por las emisiones de carbono y otros compuestos que derivan del transporte automotor, de la industria y los servicios, aun de la agricultura, es decir, de toda actividad humana que emplee combustibles de origen fósil. En esta perspectiva entrarían en juego no sólo los Estados Unidos y Canadá y algunos países europeos por sus elevadas emisiones de carbono por habitante, sino también países como Indonesia, México o Brasil, cuya emisión de carbono por habitante es de alrededor de la quinta parte de la que emiten aquéllos. Se incluiría también a China, con emisión *per capita* estimada en la octava parte de aquel nivel, pero cuyo número de habitantes es tan grande que su aportación total de carbono la coloca entre los 15 primeros contaminantes de la atmósfera global por ese concepto. China depende esencialmente del carbón mineral para la generación de energía eléctrica y como combustible familiar. Por su parte, Brasil, con la destrucción de las grandes áreas boscosas de la Amazonia, reduce rápidamente el potencial de absorción de carbono en el mundo.

No es posible a estas alturas considerar hasta qué punto puedan, en un plazo de unos 20 a 25 años, conciliarse los intereses de grupos tan disímiles de países. A pesar de la información científica ya disponible recopilada y analizada desde 1990 por el Panel Intergubernamental sobre el Cambio Climático (IPCC), en Rio de Janeiro, en 1992, se redujeron los requisitos cuantificables de emisiones de carbono a que se comprometerían los signatarios de la Convención sobre el Cambio Climático, a fin de que los Estados Unidos, que se oponían a las metas que quería proponer la Unión Europea, aceptaran firmar. En marzo de 1995, en Berlín, se dieron nuevos pasos en reversa, al aplazarse otro tanto las metas ya disminuidas adoptadas en Rio respecto a los principales países desarrollados emisores de carbono. Varios países desarrollados hicieron ver que no serían capaces de alcanzar ni siquiera los compromisos acordados en Rio de Janeiro, mientras los países en desarrollo condicionaron los suyos a las acciones que emprendieran los primeros. No obstante, en la Segunda Conferencia Ministerial sobre Cambio Climático, efectuada en Ginebra en mayo de 1996, se reavivó algún optimismo al refrendarse algunos compromisos anteriores a los de Berlín y establecerse un calendario de obligado cumplimiento para limitar y reducir las emisiones de carbono en los años 2005, 2015 y 2020. Entraron en escena, además, el Consejo Empresarial para la Energía Sustentable y las compañías de seguros, interesadas en reducir riesgos derivados del cambio climático futuro; asimismo, fue mayor la presencia de los Estados insulares y de las ONG.

De cualquier manera, a este ritmo, los avances son un remedo de la leyenda de Sísifo, si bien puede considerarse alentador que sean ya 142 los países que han ratificado la Convención sobre el Cambio Climático, y que se prevean apoyos para las naciones en desarrollo cuyos compromisos subsisten pero que disponen de más tiempo para cumplirlos.

Por otra parte, está en pleno vigor el Protocolo de Montreal para la reducción de la producción y exportación de los CFC, y éstos se están ya remplazando en muchos de sus múltiples usos y en varios de los principales países que los utilizan. El Protocolo prevé financiamiento para los países con problemas de transición, aun cuando no haya habido compromisos firmes de China y la India en cuanto a los gases requeridos para la fabricación de refrigeradores, cuyo consumo se estima puede crecer de manera muy considerable a mediano y largo plazos.

En otros campos del medio ambiente global se han empezado a registrar algunos avances. La Convención sobre Biodiversidad ha sido ratificada por 128 países, pero dispone todavía de un secretariado relativamente débil para impulsar su implementación. La posición de los Estados Unidos, que al fin firmaron el documento, continúa siendo ambigua y, en algunos aspectos, opuesta a los intereses de los países en desarrollo poseedores de la biodiversidad. Faltan, además, protocolos que prevean disposiciones sobre el uso de recursos genéticos. Son previsibles todavía intentos de excesiva politización y dificultades reales para el cumplimiento de los compromisos. Para 1997 se espera que los países signatarios den a conocer su estrategia nacional en materia de biodiversidad.

La Convención para Combatir la Desertificación, en lo cual se venía trabajando largos años, quedó pendiente en la Conferencia de Rio de Janeiro. En junio de 1994 se llegó a un acuerdo, que fue suscrito por 86 países en octubre del mismo año. Se cuenta ya con 112 países signatarios, pero con sólo ocho ratificaciones, y tardará algún tiempo más en entrar en vigor. Subsisten problemas científico-técnicos sobre el concepto mismo de "desertificación" y sobre las estrategias y políticas necesarias para reducirla o contenerla. Dada su importancia en este asunto, la Convención incluye un anexo sobre África, donde se espera iniciar algunas actividades aun antes de que entre en vigor. Muchos de los países desarrollados no han estado de acuerdo con la necesidad de semejante Convención ni en proveer financiamiento a los países directamente afectados. En los círculos académicos y otros se discute aún si la desertificación es un fenómeno fundamentalmente físico o está caracterizado más bien por importantes factores socioeconómicos. Los desiertos no han avanzado, pero sí se han degradado los suelos en las zonas semidesérticas y las sequías han sido frecuentes. La Convención se refiere a "degradación de suelos en zonas áridas, semiáridas y áreas subhúmedas secas resultante de diversos factores, incluidas las variaciones climáticas y las actividades humanas".[8]

Aun cuando la Convención sobre el Derecho del Mar de 1982 no ha contado con la ratificación de los Estados Unidos,

---

[8] Véase Camilla Toulmin, del Instituto Internacional de Medio Ambiente y Desarrollo (IIED), Londres, "Combatting desertification by conventional means", en *Global Environmental Change 1955*, vol. 5, núm. 5, pp. 455-457. Años atrás, en 1984, Rolando García había publicado los resultados de un notable trabajo de investigación titulado *Nature is Not to Blame* (IFIAS, Toronto) en que puso en evidencia la conjunción de factores socioeconómicos involucrados en la desertificación en el Sahel.

siguen adelante algunos acuerdos, entre ellos uno de importancia ambiental —firmado en diciembre de 1994—, relativo a Conservación y Gestión de Pesquerías Transjurisdiccionales *(straddling)* y Pesquerías de Altos Índices de Migración, con el que se pretende asegurar el aprovechamiento sustentable de dichos recursos.[9]

Las propuestas sobre desforestación consideradas en Rio de Janeiro no han fructificado aún. Por otra parte, no existe ninguna convención internacional que se ocupe de los desechos industriales y municipales, fuera de las normas que los países de la Unión Europea han impuesto y las recomendaciones de la OCDE, así como el mejoramiento de la cultura ambiental a nivel municipal en algunos países que generan grandes volúmenes, por ejemplo Japón, los Estados Unidos y Canadá, o en algunos municipios ejemplares, como el caso de Curitiba, Brasil.

El transporte de desechos peligrosos ha sido normado por la Convención de Basilea y por la OCDE, y existen convenios sobre desechos nucleares radiactivos. Los países en desarrollo, de cualquier modo, distan mucho de haber definido siquiera políticas ambientales adecuadas en la materia. Faltan concientización y voluntad política, se carece de incentivos y es escasa la buena administración de los programas y reglamentaciones ya existentes.

Si se centra la atención en el problema energético —del que sólo una parte tiene que ver con el consumo de combustibles de origen fósil y sus consecuencias—, la perspectiva de avance es aún más compleja y está sujeta a obstáculos y restricciones. En esta materia el Informe Brundtland lanzó en realidad un ataque a fondo a la etapa actual de civilización de la especie humana: el futuro de las nuevas generaciones, es decir, la condición de desarrollo sustentable, no puede depender del empleo tan predominante de carbón, petróleo y gas natural. El transporte, los procesos industriales, el comercio y los ser-

---

[9] Naciones Unidas, Consejo Económico y Social, Comisión de Desarrollo Sustentable, Cuarto Periodo de Sesiones, 18 de abril a 3 de mayo de 1996, "Informe del secretario general sobre arreglos institucionales de seguimiento de la Conferencia de las Naciones Unidas sobre Medio Ambiente y Desarrollo" (versión preliminar en inglés).

vicios, la agricultura moderna, no podrán seguir creciendo a base de tales recursos de origen fósil que, por una parte, son agotables, y por otra constituyen el factor más importante de aumento a largo plazo de la temperatura media de la atmósfera, o sea, el llamado efecto de invernadero. Se prevén graves consecuencias climáticas, redistribución de actividades agropecuarias, inundación de zonas costeras, desplazamiento de cientos de millones de habitantes y reubicación de establecimientos industriales y de otros sectores. La actividad económica global depende ya en la actualidad de un suministro de energía que en 80% está representado por el empleo de combustibles de origen fósil, y mientras los combustibles sustitutos no contaminantes o menos contaminantes no se produzcan en volumen suficiente y alcancen, por vías técnicas y económicas, una proporción fuertemente creciente del consumo total de energéticos, las esperanzas de proteger adecuadamente el ambiente global son tenues. De ese 80% del suministro de energía, 36% proviene del petróleo, 24% del carbón y 20% del gas natural.[10] Según proyecciones del Consejo Mundial de Energía, la demanda mundial de energéticos, que en 1990 se calculó en 8 800 millones de toneladas de equivalente de petróleo, podrá aumentar para el año 2020, según distintos supuestos, a un total situado entre un mínimo de 11 300 y un probable máximo de 17 200 millones.[11]

La energía basada en el carbón, el petróleo y el gas natural es indispensable en casi cualquier actividad, sea por razones tecnológicas, climáticas u otras. El mundo industrializado lleva apenas un poco más de un siglo haciendo uso industrial y municipal de la electricidad. El vehículo automotor, inventado por la misma época en que se obtenían los primeros derivados modernos del petróleo, ha llegado a tener uso generalizado apenas en los últimos 60 años. A partir de la primera Guerra Mundial, y en definitiva desde la segunda, ningún ejército puede movilizarse ni ejercer acciones ofensivas o defensivas sin combustibles de origen fósil o electricidad. La

---

[10] Comunicación de Umberto Colombo, miembro del Club de Roma, "On Nuclear Power", de julio de 1995; reproducida en Canadian Association for the Club of Rome, *Proceedings*, Serie 1, núm. 15, septiembre de 1995, pp. 1-3.
[11] Citado por Umberto Colombo, *loc. cit.*

LA PERSPECTIVA DE NUEVAS INSTITUCIONALIZACIONES 89

agricultura moderna mecanizada lleva también apenas unos 70 años consumiendo combustibles líquidos para la tracción mecánica. Luego, transformar toda esa estructura a nivel global, o en grandes regiones del mundo, es una tarea que no sólo no tiene precedente, sino que trastornaría la economía de casi todas las naciones, además de los movimientos internacionales de bienes, personas y capitales.

Son varios los países que, desde los sacudimientos petroleros impuestos por la OPEP en los años setenta, han llevado a cabo importantes programas de economía en el uso de energéticos, por ejemplo Japón, Suecia, Dinamarca, los Países Bajos, Alemania y otros en Europa. El aumento de su costo obligó además a buscar medios de sustituir las importaciones de combustibles. Se creó la Agencia Internacional de Energía (AIE), formada por un grupo numeroso de países de alto consumo de energéticos, para apoyar programas de economía en su empleo y reducir la brecha entre la demanda y la oferta, expresada a los precios de esta última, que controlaban en parte significativa los países miembros de la OPEP. La AIE ha sido hasta cierto punto el organismo de defensa de los países consumidores.

Por otro lado, en los años setenta se dio fuerte impulso a la capacidad de generación de energía nuclear. Más adelante, a fines de 1985 y comienzos de 1986, una importante sobreoferta de petróleo y sus derivados hizo retroceder en forma aguda los precios y debilitarse muchos de los mercados de estos productos. A la vez, los costos crecientes de la energía nuclear, los problemas tecnológicos de esta industria, la dificultad aún no resuelta de disponer adecuadamente y sin riesgo de los desechos atómicos, y el temor a los accidentes nucleares provocaron oposición a la expansión de la capacidad de generación de esta modalidad "limpia" de producción de energía. Se suspendieron y aun cancelaron nuevos proyectos y se tomaron medidas para desmantelar las plantas nucleares más antiguas, como en Suecia. Sólo Japón, Francia y Rusia han logrado crear una capacidad sustancial de generación de energía nuclear para sustituir, en la producción de electricidad, las plantas térmicas que utilizan combustibles líquidos o carbón. No obstante, se mantienen en operación en la actualidad más de 420 plantas nucleares, las que satisfacen 6% de la demanda global de energía y 17% de la de electricidad. Pero apenas 60 más están en proceso de construcción. A principios del siglo XXI, con el cierre de muchas plantas que habrán llegado al término de su vida útil, la capacidad mundial de generación de energía nuclear habrá disminuido.[12] Los Estados Unidos no han podido inaugurar una sola planta nuclear desde hace varios años. La situación en Rusia, desde el accidente de Chernobyl, así como su crisis económica y financiera, hacen poco probable que pueda renovarse a corto plazo su programa nuclear. La búsqueda de alternativas ha pasado de ser un sueño científico a un empeño de muchos países por establecerlas en plazos razonables. No obstante, no son pocas las voces favorables a una nueva etapa de expansión de la energía nuclear, sea porque constituye energía "limpia" desde el punto de vista ambiental o porque es necesario abandonar el uso intensivo de los combustibles de origen fósil, pero *a condición de que se superen* las dificultades técnicas que determinan todavía sus inconvenientes y riesgos.[13]

Algunos países, como Brasil, han experimentado con el empleo de combustibles derivados de la biomasa (alcohol) para continuar movilizando el creciente número de vehículos de combustión interna. Los resultados no parecen haber sido muy claros, ni económicamente ni desde el punto de vista ambiental. Brasil, como otros países, cuenta con reservas potenciales de fuentes hidráulicas para generar electricidad, y ha establecido dos plantas eléctricas nucleares; pero no tiene a la vista los sustitutos de los combustibles líquidos, por lo que, igual que otros países importadores netos de petróleo crudo, ha promovido —a costos crecientes— la exploración y explotación de este tipo de hidrocarburos, en su caso en las zonas marítimas.

En los países en que ha registrado importancia el empleo de leña en las áreas rurales y en no pocas urbanas —en Asia y África principalmente, aunque también en algunos de América Latina—, la extensión de los bosques ha declinado. La energía eólica y la generada por las mareas ha sido utilizada en algunos países en dimensión limitada, aunque útil. China y la India,

---

[12] Datos recopilados por Colombo, *loc. cit.*
[13] Por ejemplo, Colombo, *loc. cit.*

así como países de Europa oriental, siguen dependiendo del carbón, en gran proporción de baja calidad, para los usos domésticos y aun para la generación de electricidad. La energía solar parece ser la gran alternativa relativamente práctica, no sólo para remplazar combustibles en los usos domésticos, sino para generar electricidad, al menos para alumbrado público, oficinas y hogares, así como en determinadas aplicaciones en la agricultura, en buena medida para el bombeo de aguas. Se conocen también ya aplicaciones experimentales de energía solar al movimiento de vehículos de transporte. Según la comunidad científica, no es de esperar que predomine una sola tecnología solar, sino que influirán las diversidades regionales en las condiciones básicas.

La electricidad podrá generarse quemando biomasa, construyendo turbinas eólicas y máquinas térmicas solares, o empleando celdas fotovoltaicas... El combustible de hidrógeno podrá producirse por medio de celdas electroquímicas o por procesos biológicos, a base de microorganismos o enzimas, cuya fuerza motriz sea la luz solar. Los combustibles como el etanol y el metanol podrán generarse mediante biomasa o con otras tecnologías solares... La energía solar existe también en los océanos... por más que sea difusa y difícil de extraer.[14]

Las tecnologías solares —se afirma— "permitirían a los países en vía de desarrollo ahorrarse una generación de infraestructura y avanzar directamente a una fuente de energía que no contribuya al efecto de invernadero o provoque degradación del ambiente".[15] En algunos países se emplea ya la energía eólica y la que puede derivarse de las mareas y de los diferenciales de temperatura de las aguas marítimas.

La posibilidad de generar energía por fusión atómica, que lleva ya un largo periodo experimental, no deberá descartarse a largo plazo,[16] como tampoco deberá excluirse el hidrógeno como combustible.

[14] William Hoagland, "Solar energy", en *Scientific American*, vol. 273, núm. 3, septiembre de 1995, pp. 136-137.
[15] *Ibid.*, p. 139.
[16] Harold B. Furth, "Fusion", en *Scientific American*, vol. 273, núm. 3, septiembre de 1995, pp. 140-142.

En contra de la energía de origen solar existe una larga tradición en los medios tecnológicos y aun en los científicos, robustecida por los indudablemente gigantescos intereses de la industria extractora y difusora de los hidrocarburos —los mismos intereses que hasta 1962 influyeron para que el precio internacional del barril de petróleo crudo fuera de menos de dos dólares de la época, lo que fortaleció la idea popular de que el petróleo y los combustibles derivados eran un bien casi gratuito de poca repercusión en el costo de los productos industriales y en los precios de los bienes de consumo—. Además, a la postre fue la base del cártel creado por los países productores que en los años setenta al fin vieron su oportunidad política de hacer subir el precio del petróleo crudo restringiendo la oferta, hasta provocar precios *spot* de 40 dólares o más por barril. Hoy día la sobreoferta potencial de la producción petrolera mantiene los precios en un margen de 16 a 20 dólares, según la calidad y los costos de transporte. En términos reales, sin embargo, los precios de mercado de la actualidad son inferiores a los prevalecientes hace 30 años. Además, los estudios dirigidos a determinar los costos reales ambientales del petróleo, teniendo en cuenta, entre otros elementos, la probabilidad de reducción radical de los recursos disponibles de hidrocarburos, los cuales se agotarían quizás en menos de 100 años, demuestran que los precios reales del petróleo, el gas y el carbón deberían ser mucho mayores de lo que son.

En estas condiciones, ¿puede preverse un cambio radical en el empleo de los hidrocarburos? Su producción es casi el único sustento de divisas de muchos países; generan movimientos de transporte internacional que a su vez representan ingresos para fuertes intereses navieros y petroleros; no tienen, en la mayoría de los países, sucedáneos equivalentes en eficiencia térmica, y su falta produciría en casi todos los casos el colapso de la economía y de la vida urbana.

Si han de ocurrir los cambios necesarios para el uso de energéticos menos contaminantes y no agotables, en particular la energía solar, ¿cuáles serán los plazos para que surja esta gran transformación? Puede pensarse que dichos plazos se alargarían no sólo por las resistencias, las dificultades tecnológicas para consumir otros energéticos y los intereses involucrados, pero, ¿los acortaría el avance científico-tecnológico en los usos de la energía solar? ¿Habría una etapa intermedia o de transición en que el motor eléctrico convirtiera los actuales vehículos en otros no contaminantes, primero en ciertos usos locales y más adelante a mayor escala, y en la cual la actual industria automotriz se reorganizara para ensamblar esos nuevos vehículos, con una transformación paralela de la industria de autopartes?

Mientras nada de esto suceda y los plazos tiendan más bien a alargarse que a acortarse, pese a los experimentos y las presiones a favor del vehículo eléctrico —cuyo uso, de paso, llevaría a un incremento de la demanda de electricidad, incluida la de origen térmico—, la contribución de una nueva política energética a nivel global al mejoramiento ambiental y al desarrollo sustentable podría no ser suficiente para contrarrestar las tendencias ya presentes. El que el empleo masivo de la energía solar sea un componente importante del futuro reclamará asimismo acciones a nivel multilateral, tanto globales como regionales y subregionales, y en último análisis nacionales, para las que no existe antecedente ni verdadera viabilidad a mediano plazo.

Por lo anterior, el desarrollo sustentable, en toda la extensión del concepto, puede no pasar de ser una quimera que sólo sirva para alimentar marginalmente las ideas sobre el desarrollo futuro de la humanidad. Podría sostenerse que la contraparte de las tendencias ya presentes pudiera ser una transformación cultural, ayudada por la pobreza y la incapacidad para consumir, que lleve a las sociedades y a los gobiernos a limitar los consumos excesivos en los países de elevado nivel de ingresos, que se traducen en un uso también intenso de los energéticos. Ello liberaría recursos que podrían utilizarse en elevar los niveles ya mínimos de consumo para la satisfacción de necesidades básicas en los países que constituirán en el futuro una creciente mayoría de la población mundial. Se trata de un propósito expresado frecuentemente por algunos sectores y que con cierta regularidad ha aparecido en la retórica y las demandas a nivel de las Naciones Unidas, así como en opiniones provenientes de centros académicos y de ONG. Sin embargo, tal transformación cultural no podrá ser impuesta desde afuera, sino que tendría que surgir de manera endógena, tanto en los países de elevados niveles de consumo como en los menos favorecidos.

La conclusión que se puede perfilar es que el desarrollo sustentable, dependiente como es, en considerable proporción, de que se controle y reduzca el empleo de combustibles de origen fósil por razones ambientales y de agotamiento de los mismos, será difícilmente un proceso social obvio y viable, aun en el supuesto de que un número suficiente de sociedades se encaminen por ese rumbo e influyan en las organizaciones internacionales para que colaboren efectivamente en la transformación hacia esa meta. Las alternativas reales no son fáciles de prever si se busca no caer en determinismos pesimistas. Además, el desarrollo sustentable no es sólo cuestión de reducir la dependencia respecto de los energéticos, en particular los más contaminantes, sino que abarca un amplio espectro de otras acciones nacionales, regionales y globales.

Si el desarrollo sustentable supone crecimiento económico suficiente para hacer frente al incremento demográfico pero a la vez un crecimiento equitativo que abarque desarrollo social, debe admitirse que no ha sido aún escrito el guión para lograrlo. Se dispone apenas de orientaciones inspiradas más bien en la tradición del desarrollo que pudieran llevar a la humanidad a una menor desigualdad en la distribución de los recursos disponibles, entre ellos los energéticos. No se logrará tal vez sustentabilidad para el planeta, pero quizá pueda evitarse caer en los abismos que ya se avizoran.

2.3. Aspectos sociales y culturales

2.3.1. *La población, la pobreza y la marginalidad*

Las tendencias demográficas globales son, dentro de ciertos márgenes, relativamente previsibles. Como ya se ha mencionado, para el año 2015 habrá siete mil y tantos millones de habitantes y se llegará a un cifra superior a 8 000 millones en el 2025, con probabilidad de alcanzar 12 500 millones como máximo el año 2050. Fuera de las controversias entre economistas, demógrafos, sociólogos y activistas de distintos tintes con los dirigentes religiosos, políticos y otros, se tendrá que hacer frente a las consecuencias de esa enorme masa humana y a la de sus migraciones internas e internacionales. Los recursos humanos, técnicos, administrativos, económicos y sociales resultarán probablemente insuficientes y no del todo eficaces, y además estarán repartidos desigualmente entre las regiones. A su vez, las políticas de población están sujetas a limitantes políticas, sociales y culturales, incluso religiosas, que generarán respuestas variadas a la visión relativamente amplia y progresista que se ha tenido a los niveles de las Naciones Unidas.

Con el número de habitantes que se calcula para dentro de apenas 30 a 50 años será indispensable, pero no seguro, que se aborden todos los aspectos de la problemática de la población puestos a debate en la Conferencia de El Cairo de 1994. A nivel nacional y regional será preciso que se preste la debida atención a los problemas más agudos y profundos, sobre todo los que requieren por una parte acciones del Estado y por otra concientización y actitudes positivas por cuenta de la población. Si bien las variables demográficas se mueven con cierta lentitud, su impulso acumulado tiende a magnificar ciertas consecuencias, como ya se ha expuesto en relación con la probable sobreoferta futura de fuerza de trabajo joven no suficientemente educada y capacitada para las tareas económicas por venir. El envejecimiento demográfico en los países cuyo índice de fecundidad sea inferior a la tasa de remplazo, como varios de Europa y Japón, será otro ejemplo de acumulación de factores que influirán en las políticas sociales y de empleo en los países afectados. Los desbalances que conducirán a una mayor migración internacional requerirán de nuevas orientaciones para regular los flujos migratorios y al mismo tiempo respetar los derechos humanos y hacer menos inflexibles las actitudes culturales que en muchos casos están en oposición.

Puede preverse que los temas de población tendrán que descomponerse y analizarse en sus distintas fases para llevar la problemática a niveles menos generales de discusión y comprensión, distintos a los que han predominado desde la Primera Conferencia Mundial de Población de Bucarest en

1974. La dinámica demográfica, aun registrando en algunos aspectos cambios más bien lentos, en otros puede ser rápida, como en el descenso de la fecundidad en ciertas sociedades o el aumento imprevisible de la migración en otras. Diferentes movimientos divergentes de las variables se relacionarán cada vez más con las interacciones sociales, económicas y políticas que las afectan, por lo que tendrán que abordarse a esos niveles en toda su complejidad. Los instrumentos internacionales no parecen estar diseñados todavía para este género de enfoques. No obstante, podrían promoverse en una estrategia a largo plazo.

En sus aspectos sociales, la intensidad demográfica y el solo número de habitantes que pueblan algunos países y regiones del mundo requieren de una atención que esas naciones no parecen ser capaces de ofrecer adecuadamente, al menos en los contextos de organización del desarrollo que hoy prevalecen. Los más de 1 000 millones de personas en el mundo que se encuentran en condición de pobreza o miseria, y aun indigencia total, tienen con frecuencia escasas o nulas posibilidades de salir de ella y están condenadas en consecuencia a vivir en estado de subsistencia mínima. Cierto es que ésta pudiera subsanarse en alguna medida y aliviarse por medio de aportaciones directas de alimentos y otros bienes y materiales de primera necesidad, aun con apoyos internacionales. Pero es difícil que los habitantes aquejados de pobreza lleguen a constituir una proporción decreciente a futuro sin una reorientación, a veces radical, de la economía a favor de los estratos menos favorecidos de la sociedad. Ello entraña alimentación y nutrición, salud, educación, capacitación y vivienda en cantidad y calidad suficientes, infraestructura urbana y acceso a recursos naturales donde corresponda, con los servicios necesarios para que esos objetivos se logren.

Sin esfuerzo nacional propio, poco podrá hacer la comunidad internacional, salvo acciones de salvamento parcial. Si aumentase gradualmente la capacidad nacional de ocuparse de la miseria en formas constructivas, la cooperación internacional podría ser más efectiva, pero deberán evitarse tendencias del pasado que pretenden imponer a una determinada comunidad las recetas y soluciones de otras y de grupos técnicos internacionales sin la debida participación de elementos locales. La pobreza no es una enfermedad, sino el resultado de procesos de alcance negativo del pasado, agravados en muchos casos por sobrepoblación relativa; por ello, la reducción y eliminación de la pobreza —concepto relativo en sí— requerirá actuar sobre sus causas con más ahínco y claridad y no sólo limitarse a remediar algunos síntomas. Las consecuencias de determinadas formas de explotación agrícola, la falta de dinamismo en la economía de muchos países y el abuso de los sectores fuertes con los débiles seguirán siendo factores negativos mientras las sociedades no sean capaces de crear alternativas. La comunidad internacional tendrá que asumir sus responsabilidades, los programas de las Naciones Unidas, como los de la UNICEF y el PNUD, deberán mantener su vigencia, y habrán de incrementarse las muchas acciones de organizaciones no gubernamentales y en algunos casos de programas bilaterales. De lo contrario, las consecuencias podrán ser mucho más graves de lo que han sido hasta ahora.

La marginación de grandes sectores de la población, tanto en los países desarrollados como en los en vía de desarrollo, es una característica particular de la vida urbana, como se ha apuntado ya, pero también surge de la discriminación de las etnias autóctonas y de las tendencias abusivas de las instituciones que debieran respetar su cultura y a la vez llevarles los beneficios de las sociedades modernas, especialmente en materia de salud, tecnologías productivas, medios de comercialización, educación y capacitación. Marginalidad no es lo mismo que pobreza, pero se asocia a ésta de manera muy estrecha; entraña aspectos culturales y políticos no siempre fácilmente descifrables, pero lo suficientemente ostensibles para que se puedan también sentar bases a largo plazo para apoyar y mejorar a las poblaciones marginadas.

2.3.2. *Cooperación en materia de educación, ciencia y tecnología y salud*

Aunque estos temas han surgido en su mayoría en el escenario internacional después de creado el sistema de las Naciones

Unidas, y pese a que en una etapa inicial se procedió con gran optimismo y empuje al desarrollo de organismos especializados como la UNESCO y la OMS, el apoyo a estas tareas ha decaído. Se requiere por lo tanto una evaluación de las funciones de tales organismos en el cuadro de las nuevas circunstancias que se están previendo, independientemente de problemas coyunturales de financiamiento o de falta de aportaciones financieras gubernamentales suficientes. La UNESCO ha tenido una vocación claramente establecida en pro de la educación básica, que no se ha alcanzado para todos los grupos de edad menores de 15 años en los países en vía de desarrollo, sobre todo en África y en algunos que en otras regiones señalan grandes rezagos. El tema se abordó en 1990 en la Conferencia de Jomtien, Tailandia, con la cooperación del Banco Mundial, la UNICEF y otras organizaciones, y de allí salió una estrategia sólidamente concebida pero cuya realización dependerá —como siempre— de actitudes y programas nacionales y de apoyos específicos. Aparte los signos deficientes de los sistemas escolares y las tasas de abandono de la educación tan elevadas, subsiste la necesidad de formar más y mejores maestros y de atender la educación y formación de niños y jóvenes que abandonan el sistema escolar en distintas etapas. La educación básica difícilmente se puede financiar con recursos que no sean del sector público. La tarea es inmensa e impone estrategias y planes a mediano y largo plazos. Estos procesos se han iniciado y son susceptibles de mejorarse; para ello es indispensable el apoyo de los gobiernos que han dejado de contribuir suficientemente o del todo a la UNESCO. Este organismo y el Instituto Internacional de Planeamiento de la Educación adscrito a él tienen como su más alta prioridad la educación básica.

La educación media y la superior no se prestan en la misma medida a la acción de la UNESCO para promoverlas y mejorarlas, aun cuando el organismo auspicia la Unión Internacional de Universidades, que sirve como foro a nivel mundial y presta apoyo a programas de enseñanza media y universitarios en todos los continentes por medio de fondos para investigación y becas de posgrado. Son muchas las organizaciones regionales dedicadas a estos fines. La Unión Europea sostiene amplios programas de intercambio y están en vigor decenas de programas bilaterales. La UNESCO y las Naciones Unidas crearon en 1973, a instancia de Japón, la Universidad de las Naciones Unidas (UNU) con el propósito de apoyar investigaciones en nuevos temas de interés global mediante redes de cooperación e intercambio. El Instituto Internacional de Planeamiento de la Educación, además de colaborar en la formación de docentes e investigadores para la educación básica, tiene en marcha un programa de investigación y estudios sobre la enseñanza superior. En muchos países las universidades, con sus fuertes rasgos de independencia académica y autonomía de gestión, están pasando de una situación en que el financiamiento lo proveía mayormente el Estado a otra en que las instituciones mismas se ven en la necesidad de generar fondos por medio de los servicios que prestan y de allegarse aportaciones del sector privado. En los Estados Unidos, en donde muchas universidades se originaron en dotaciones públicas de tierras, la tendencia a crear y financiar universidades privadas, y aun a fortalecer las públicas con fondos de origen privado, es muy marcada. En otros países que han contado en época reciente con un conjunto de nuevas universidades públicas, como el Reino Unido, las asignaciones presupuestarias se han reducido de manera acusada y cada vez más han tenido que obtener financiamientos privados. En cambio, en Francia, Alemania y España se mantiene la universidad pública, si bien al lado de una creciente participación de instituciones privadas de educación superior. Puede preverse, de cualquier manera, que las oportunidades de educación universitaria, en todas sus formas, y de especialización profesional y científica tendrán que aumentar a mayor velocidad que en el pasado.

Recientemente, la UNESCO ha dado a conocer un nuevo informe sobre el futuro de la educación, redactado por una Comisión Internacional sobre la Educación para el Siglo Veintiuno.[17] El propósito de este informe, que tuvo en cuenta todos los antecedentes valiosos de informes anteriores de la UNESCO y las aportaciones de los miembros de la Comisión, fue reafirmar el valor de la educación como factor fundamental del

---

[17] *Learning: The Treasure Within: Report of the International Commission on Education for the Twenty-First Century,* Comisión presidida por Jacques Delors, UNESCO, París, 1996 (no se dispone aún de la versión en español).

desarrollo de la persona y de la sociedad y como instrumento indispensable para alcanzar los ideales de paz, libertad y justicia social. No obstante la gran diversidad de situaciones educativas que prevalecen, la Comisión encuadró sus ideas en el contexto de la globalización, distinguiendo temas y orientaciones que puedan tener aplicación nacional y a la vez mundial.[18] La educación del futuro —sostiene el informe— tendrá que enmarcarse en las tendencias de formación de una economía mundial o global, pero haciendo posible el desarrollo de los talentos personales y locales y del potencial creativo. El mensaje busca originar una amplia renovación del pensamiento sobre la educación en todos sus aspectos y a todos los niveles, así como impulsar la colaboración internacional en la materia.

La cooperación científica es también objeto de apoyos multilaterales y bilaterales, e interviene en ella gran número de ONG, academias y otras instituciones generales y especializadas con apoyo de organismos como la UNESCO y otros del sistema de las Naciones Unidas. Se han creado también instituciones singulares con aportaciones tanto multilaterales como regionales y bilaterales, que van desde el Centro Europeo de Investigaciones sobre Partículas Nucleares (CERN), sito en Ginebra, hasta institutos de investigación médica, agrícola y muchos otros. La UNESCO, otros organismos que intervienen en la cooperación científica y las comunidades científicas nacionales han hecho repetidos llamados a los gobiernos y a la opinión pública acerca de la necesidad de mantener los respaldos necesarios a la investigación científica, así como de estimularla en los países en desarrollo. Se ha recomendado una más amplia cooperación y se ha insistido en la vinculación indispensable de la ciencia con el resto de las actividades. Este aspecto se acentúa a medida que se cobra mayor conciencia de los peligros en que se encuentra el equilibrio ecológico y aun la propia especie humana.[19]

En cambio, la cooperación en materia tecnológica tropieza con dificultades, ya que la mayoría de los adelantos en este campo se originan en la industria privada, que no comparte

---

[18] *Ibid.*, pp. 13-15.
[19] UNESCO, *World Science Report 1993* y *World Science Report 1996,* París.

sino una pequeña proporción de sus descubrimientos y nuevas aplicaciones. La Conferencia de las Naciones Unidas sobre la Aplicación de la Ciencia y la Tecnología al Desarrollo, reunida en Viena en 1979, fue un fracaso porque desembocó en demandas de los países en vía de desarrollo de que se hicieran, mediante un gran fondo internacional, fuertes transferencias de tecnología de los países desarrollados a los del Tercer Mundo. Los gobiernos de los países industrializados rechazaron estas demandas y propuestas, salvo la creación de un pequeño fondo de 35 millones de dólares en manos de las Naciones Unidas. Se volvió pronto al punto en que habían quedado las discusiones con anterioridad, sin ningún avance. En las circunstancias actuales, en que priva la ideología del mercado, no es probable que prospere el conjunto de demandas en materia tecnológica que puedan formular los países en desarrollo. La política de las grandes potencias tecnológicas va en el sentido de que la tecnología es propiedad industrial privada, protegida por los derechos normales de propiedad y por patentes de larga duración, y que su transferencia deberá efectuarse en consecuencia en forma directa, y según su conveniencia, por las empresas que la generan, es decir, principalmente las transnacionales. Se supone que los países en desarrollo tienen o podrán tener en el futuro capacidad para generar las tecnologías que el mercado demande, pero hasta ahora son muy pocos los casos de éxito comercial internacional.

En materia tecnológica, un tema que tuvo cierta resonancia hace 30 años fue el de la "tecnología intermedia", aplicable a las condiciones prevalecientes en países de baja capacidad científico-tecnológica. En general, los movimientos en pro de estas tecnologías no han prosperado, y en algunas esferas se considera a éstas como "tecnologías de segunda", a pesar de que se pueden citar cientos de proyectos y decenas de países, en la esfera de aplicación de los programas de las Naciones Unidas, en que han tenido éxito y eficiencia en el plano microeconómico. Las tecnologías intermedias, no obstante, debieran tener amplios campos de aplicación para actividades económicas en pequeña escala, así como en un gran espectro de asuntos ambientales y energéticos, con grandes economías potenciales de capital.

Por último, la creciente atención al medio ambiente global, regional y nacional, sobre todo a raíz de la Conferencia de Rio de Janeiro de 1992, ha dado lugar a que se considere la necesidad, como parte de los seguimientos a las recomendaciones de esa conferencia, de acelerar la transferencia de tecnología con fines ambientales por intermedio de organizaciones tanto multilaterales como bilaterales, especialmente para hacer frente a las necesidades de los países en vía de desarrollo. Es posible que por este medio se logre gradualmente debilitar el cuasimonopolio de la tecnología de que hasta ahora han gozado unos cuantos países. Será uno de los pocos casos en que podrían coincidir intereses nacionales de los países desarrollados con intereses globales, de orden ambiental, en que se requiere abrir un nuevo camino a la cooperación entre las naciones.

En cuanto a salud, la labor cumplida por la Organización Mundial de la Salud (OMS) revela resultados de fundamental importancia por lo que hace a la erradicación de algunas enfermedades endémicas y la prevención de otras, aun cuando el panorama de la salud ha estado cambiando por las fallas de los sistemas de inmunidad, la resistencia biológica a ciertos medicamentos y, en general, por el influjo de la pobreza y la desnutrición. Un estudio reciente hace notar que las perturbaciones ambientales y sociales desencadenan o recrudecen tendencias a las infecciones microbianas que de otra manera estarían debidamente controladas.[20] Muchas de estas "nuevas enfermedades" son resistentes a los antibióticos.

La OMS y sus expresiones regionales son elementos positivos que necesitarán ser reforzados, y, en su caso, reformados o mejorados. Un aumento de la cooperación mundial y regional en materia de salud no debiera ofrecer mayores dificultades, fuera de las financieras. Es de notar también la existencia de redes internacionales de ONG en el campo de la salud. A su vez, la labor que en pro de la infancia lleva a cabo la UNICEF robustece las condiciones generales de salud, y es probable, dado el éxito y la relativa eficiencia de este organismo, que se amplíe su

---

[20] Véase, por ejemplo, Anne E. Platt, *Infecting Ourselves: How Environment and Social Disruptions Trigger Disease*, Washington, Worldwatch Paper 129, Worldwatch Institute, abril de 1996.

radio de acción. Por otro lado, la contaminación industrial y en particular los desechos definidos como tóxicos generan en muchos casos daños a largo plazo a la salud y cuyos efectos inmediatos y sobre todo acumulativos no son perceptibles con facilidad.[21]

2.3.3. *La interdependencia cultural*

La civilización moderna se ha formado de un sinfín de culturas locales que con el tiempo se han interrelacionado, muchas veces perdiendo su identidad propia y en unas más conservándola o adoptando rasgos de otra u otras. El desarrollo de la cultura ha estado estrechamente ligado a conceptos religiosos, en particular en relación con la deidad o deidades a las que se acepta o se rinde tributo, o que inspiran al ser humano en sus desempeños terrenales. No es éste el lugar para ahondar en tales aspectos de la humanidad, fuera de reconocer que en el presente siglo han predominado culturas religiosas que si bien parecen diferenciarse en sus ritos y sus instituciones, mantienen cierta similitud básica, como en lo referente al monoteísmo y la prédica de la bondad y la tolerancia hacia los semejantes. Las principales religiones, entre ellas el cristianismo, el budismo, el judaísmo y el hinduismo, y hasta cierto punto el Islam, no abrigan sentimientos ni conductas agresivas hacia los semejantes, ni son enemigas de la naturaleza; antes bien, proclaman y promueven la hermandad, con el respeto a las ideas de otros, y aprecian el significado de la naturaleza. Por algo se sigue la tradición, aun en muchas subdivisiones de las religiones y en sectas, de la adoración del Sol.

No ha sido así en las Iglesias que representan a las religiones más extendidas o en determinadas sectas. Las instituciones eclesiásticas con frecuencia se han aliado a intereses y han defendido causas destructoras de la especie humana, o se han refugiado en dogmas que han tratado de imponer. A través de la historia ha habido guerras religiosas, y aun en el siglo XX se han registrado varios conflictos entre doctrinas eclesiásticas

---

[21] Véase Cheryl Simon Silver y Dale S. Rothman, *Toxics and Health: The Potential Long-term Effects of Industrial Activity,* World Resources Institute, The 2050 Project, Washington, 1995.

que han inspirado, junto con otros intereses, guerras fratricidas, a veces internacionales. En las postrimerías del presente siglo han surgido con más vehemencia en algunas partes del mundo las militancias llamadas fundamentalistas, sobre todo entre los pueblos de fe islámica, aunque existen diversos matices, como también en las religiones cristiana y judaica.

Si se acepta la relación entre religión y cultura, no cabe duda que la situación de los próximos años y quizá decenios continuará siendo conflictiva, no obstante que la idea del ecumenismo también haya ganado fuerza en distintas sociedades y a los altos niveles de las Iglesias de origen cristiano. Ello no asegura la paz ni la supervivencia, aunque puede contribuir a aminorar en el globo la persistente tendencia a la violencia como medio de ganar el poder. Las Naciones Unidas, por cierto, no parecen haberse ocupado de la participación de las Iglesias en los procesos y objetivos que forman el meollo de la Carta de las Naciones Unidas. Al margen de la participación de la Santa Sede como Estado miembro de las Naciones Unidas, las Iglesias están representadas mediante asociaciones, consejos y ONG diversos que en algunos países y regiones ejercen fuerte influencia en las poblaciones y los gobiernos.

Otra vertiente de las culturas se relaciona con la experiencia histórica en la formación de las familias y comunidades, con su extensión, sobre todo en los siglos XIX y XX, a una amplia gama de la actividad económica nacional e internacional, en la que intervienen además expansiones de la trama social original hasta crear nuevas sociedades. Estas sociedades de hoy se caracterizan en buena parte del mundo por una intensa intercomunicación, especialmente a partir de la expansión masiva de los medios electrónicos de comunicación. Gutenberg ha sido superado con creces por Hertz, Marconi, Gates y sus seguidores. La comunicación es ya instantánea, no reconoce límites; las modalidades de cada una de las grandes culturas y de las culturas nacionales, así como de las diversas identidades, son conocidas al instante y frecuentemente copiadas o adaptadas. La aproximación entre la transfronterización de las culturas y el comercio internacional no puede negarse. Transculturación y globalización económica van ya de la mano.

Lo anterior merece desde luego varias consideraciones y

reservas. La población mundial se compone no sólo de los muchos mestizajes de las etnias originales que habitan principalmente en el continente americano y Europa occidental, en los que intervienen cruzamientos culturales y religiosos, sino que además existen etnias asentadas en culturas de fuerte arraigo y por lo mismo menos sensibles a los avances de las culturas grecolatinas y sus expresiones cristiano-judaicas. Las culturas que se han opuesto firmemente a los avances modernos y posmodernos han permanecido aisladas territorialmente o refugiadas en enclaves; son éstos los casos tan dispares como los de Japón, China, Corea, algunas naciones del sureste de Asia, la India y gran número de naciones y tribus del continente africano. Ocurre por igual con las múltiples comunidades étnicas autóctonas en todas las latitudes, llamadas comúnmente "indígenas" en el continente americano. Éstas, aun cuando hayan adoptado desde hace siglos la religión, por ejemplo la cristiana, han conservado rasgos culturales fundamentales que las diferencian, sea por sus costumbres, sus formas de organización local, su actitud hacia la naturaleza que los rodea, sus creencias o, desde luego, su lengua original.

El trauma cultural entre el cristianismo y las culturas étnicas autóctonas de América Latina, por ejemplo, está documentado desde el principio mismo de la colonización española, como también los traumas semejantes en América del Norte y el Caribe en época posterior. Los antropólogos se han encargado desde el siglo XIX de investigar y documentar procesos similares en las islas del Pacífico, África y otras partes. La historia moderna sigue siendo un descubrimiento de culturas pertenecientes a muy diversas etnias en muchas partes del mundo. Es legítimo, en consecuencia, plantear lo que pudiera significar la globalización en la esfera cultural frente a todas estas situaciones de enfrentamiento o de diferenciación de culturas que han sobrevivido y que en muchos casos tienen muy fuerte arraigo, a pesar de que algunas manifestaciones superficiales de las culturas modernas de las sociedades capitalistas, que se propagan por los medios electrónicos, lleguen a todas esas etnias y sean incorporadas. Para decirlo en pocas palabras, los *blue jeans*, las camisetas estampadas con leyendas y dibujos, las "botas texanas", ciertas modalidades de la comida norteamericana o europea, la televisión y la radio, las imágenes fotográficas... y mucho más, llegan hoy a todas partes y no se rechazan de por sí. Estas modalidades culturales, es cierto, son promovidas por intereses comerciales y aun políticos, pero de cualquier manera no hay manera de ponerles barreras, y menos aún cuando efectivamente hay contactos comerciales, se producen migraciones o, por desgracia, las etnias locales sufren violencia de otras o de los "elementos civilizadores" provenientes por la vía militar de otras naciones.

Interesa observar también la fortaleza de algunas culturas plenamente identificadas, es decir, que tienen clara identidad, como las de Japón y China, frecuentemente expuestas a embates de Occidente durante los últimos siglos. La japonesa ha sabido conservar su identidad pero a la vez, de modo pragmático, ha adoptado tecnologías y modos de organización económica que le han permitido dotar a la generalidad de su población de niveles de ingreso y bienestar que se sitúan entre los más elevados del mundo. China, integrada de varias culturas, ha mantenido asimismo sus identidades culturales tradicionales a lo largo de los siglos, y ha absorbido tecnologías, sistemas de organización social e ideologías de otras culturas. Ello ha ocurrido en Japón en el terreno de la producción y el consumo; en China, sólo en determinados sectores o zonas geográficas. El común de la población china alcanza niveles materiales apenas un poco más altos que los de supervivencia, con seguridad de alimentación y nutrición pero sin las demás comodidades de las sociedades más evolucionadas. En China, como se ha expresado en otra parte de este informe, el solo volumen demográfico se puede identificar como un factor que ha impedido al país llegar más lejos.

Las culturas de las naciones de Rusia y otros Estados de la confederación que sustituyó a la Unión Soviética han mantenido su identidad aun cuando no hayan logrado, por designios ideológicos y políticos de sus dirigentes, proveer a la población, con ciertas salvedades, de un nivel medio material de vida que supere en mucho el que se tenía hace un siglo, excepto en seguridad alimentaria básica, vivienda, educación, salud y tecnología. La militarización y las violencias internas han afectado, a lo largo de los decenios, las condiciones generales de vida y han impedido la libre elección por parte del consumidor. La nueva Comunidad de Estados Independientes, además, comprende minorías étnicas asociadas a la religión islámica que mantienen rasgos culturales propios, aun cuando no del todo cerrados a las influencias interculturales. Existe en esta situación un potencial de conflictos, aun internacionales, que no se puede prever.

En diversos países del sureste de Asia, en la India y en otros como los de Asia occidental y el Medio Oriente, la diversidad no sólo es cultural, sino religiosa, con extremos fundamentalistas, con influencias de Occidente, con tecnologías modernas al lado de otras tradicionales, con instituciones modernas y otras obsoletas, con elevado grado de comunicación con el exterior... y a la vez con conflictos interétnicos y religiosos. En ocasiones, las identidades nacionales no están establecidas con claridad o, estándolo, aceptan modalidades de culturas occidentales aun en las normas de consumo, aunque con excepciones importantes en la alimentación y la indumentaria.

En el continente americano, pese a muchas opiniones hoy divergentes, los rasgos culturales dominantes de la población, sus instituciones, sus costumbres y modalidades familiares son de origen europeo, matizados en muchos casos y sectores por el mestizaje étnico-cultural. En algunos países latinoamericanos es más pronunciada la influencia cultural de las minorías étnicas, salvo en la religión, que en lo general es católica. En el siglo XX, después de un periodo en que las manifestaciones superficiales de la cultura venían principalmente, sobre todo entre las elites, de Francia y España, ha habido en este aspecto importantes transformaciones. Como en la Europa occidental misma, las manifestaciones modernas y superficiales se han incorporado por influencia de los Estados Unidos, en gran medida a través de los medios de comunicación y de representación de imágenes y de la publicidad comercial.

En los países latinoamericanos y del Caribe más cercanos a los Estados Unidos, el hecho de que el principal origen de las importaciones y el principal destino de las exportaciones, así como la fuente más importante de inversión extranjera directa y de acceso a la tecnología moderna haya sido precisamente ese país, ha determinado inevitablemente que la suya sea la cultura extranjera más influyente hoy día. En otros países de la región ha habido mayor influencia de naciones europeas, entre ellas la Gran Bretaña, Alemania, Italia, Portugal y la España de hoy, en todos los terrenos que constituyen aspectos importantes de la globalización. En uno, Brasil, no es poca, además, la influencia de la cultura japonesa, aunque adaptada a la del medio local. Brasil, por cierto, no deja de tener con las etnias autóctonas y con las de origen africano conflictos que llaman la atención del mundo, como también se percibe discriminación o desprecio de las etnias indígenas al igual que en otros casos, como por ejemplo en México, algunos países del área centroamericana, Argentina y Chile. Sin embargo, en todo el continente prevalece sobre todo la influencia norteamericana, que se sobrepone en muchos aspectos a la originaria hispano-lusitana y a la surgida, en varias partes importantes de América Latina, de las etnias y las culturas indígenas y africanas.

Puede afirmarse que algunos contextos culturales de los países latinoamericanos conservan signos importantes y aun fuertes de identidad propia por razones étnicas, históricas y de aislamiento, por la preeminencia de lenguas y tradiciones prehispánicas o por resistencias a la influencia norteamericana (como ocurre en Canadá en la provincia de Quebec). Sin embargo, los sistemas educativos están marcados más bien por las tradiciones europeas y norteamericana, así como los sistemas de salud y seguridad social, los de organización económica, comercial y financiera y hasta los de gobierno. Es, pues, natural que las aproximaciones, los intercambios y las influencias e invasiones culturales recíprocas entre los países latinoamericanos y los Estados Unidos hayan aumentado y lo sigan haciendo (sin desmerecer ni eliminar lo semejante con algunos países europeos). Hasta las lenguas española y portuguesa han sufrido transformaciones en su vocabulario y en las expresiones vernáculas, cotidianas y populares, y sobre todo en las técnicas, por influencia, sobre todo, del inglés de los Estados Unidos —como por lo demás ocurre con varias lenguas europeas y aun con la japonesa y de hecho con la de cualquier cultura que recurra a la tecnología y el comercio modernos—. Los anglicismos están a la orden del día, a veces sin necesidad pues existen vocablos y expresiones equivalentes y correctos en español y portugués; pero con frecuencia se emplean expresiones traducidas literalmente del inglés, así como vocablos homófonos engañosos a los que se da el sentido norteamericano, no el de la lengua española o portuguesa. En América Latina, al menos en lo superficial y material, se aceptan rasgos de otras culturas y lenguas; no obstante, debe insistirse en que, en lo general, se conservan identidades culturales, aunque en algunos casos no tan firmes como muchos lo desearían.

Finalmente, en Europa occidental, sujeta con mayor intensidad a las influencias norteamericanas en los últimos 50 años, es interesante observar que las identidades culturales se mantienen en sus distintas formas, no obstante aberraciones en el lenguaje, en algunas modalidades de la alimentación y el vestido, en las formas de la comunicación en el mundo empresarial y gubernamental, en los espectáculos, las artes y los deportes. Europa es una gran región plena de comunidades que conservan sus rasgos culturales, hasta sus dialectos y lenguas, en forma paralela a los rasgos más generales de las culturas modernas. Todavía más, empieza a perfilarse la noción de que se es "europeo", con todo lo que eso entraña desde la creación de la Comunidad Económica Europea y ahora la Unión Europea en cuanto a instituciones supranacionales, convergencias económicas y sociales, intercambios y aperturas en la educación, movimiento de personas, etc. El ser "europeo" no afecta la identidad nacional, ni mucho menos la local y municipal. El que en América Latina alguien se sienta "latinoamericano" fuera de los funcionarios de algunos organismos de alcance regional o de la esfera de las artes y la literatura, es todavía bastante dudoso; se parte, entre los latinoamericanos, de un mutuo desconocimiento de enorme magnitud. Sólo en América Central tiende a prevalecer, por razones históricas y de proximidad geográfica, un sentimiento bastante claro de lo "centroamericano", así como en el Caribe la idea de ser "caribeño".

En la globalización los temas culturales no se estudian aún a fondo, tal vez con excepción de los esfuerzos y programas que tienen su origen en la UNESCO y a los cuales se ha prestado mayor atención en los años recientes. En América Latina y muchas otras regiones existen pocos estudios, y en algunos casos prevalecen ideas y métodos excesivamente formales y hasta enfoques muy estrechos de las épocas previas a la globalización que no permiten prever en todos sus alcances las tendencias y perspectivas. A pesar de ello, el signo de los tiempos futuros es la interdependencia cultural.

Lo anterior ha quedado definido en forma nítida en un reciente informe de la Comisión Mundial de Cultura y Desarrollo,[22] constituida en la UNESCO en 1991 a instancia de los países nórdicos y presidida por el ex secretario general de las Naciones Unidas, Javier Pérez de Cuéllar. El informe de esta Comisión, que estuvo integrada por personalidades de 14 países y contó con la colaboración de consultores y del personal profesional de la UNESCO, examina en forma muy amplia los aspectos y modalidades de la cultura que hoy adquieren especial importancia a la luz de las tendencias globalizadoras de la economía, las comunicaciones y la tecnología. Su punto de partida es que toda cultura debiera respetar aquellas otras "cuyos valores sean tolerantes de las demás y se adhieran a una ética global". La libertad cultural, al proteger diversos modos de vida, "estimula la experimentación, la diversidad, la imaginación y la creatividad", pues "el fin último del desarrollo es el bienestar universal físico, mental y social de todo ser humano".[23]

La Comisión va más allá de las definiciones tradicionales y concibe la cultura como un conjunto de factores y elementos derivados de la historia y del presente, de influencias sociales, ambientales, económicas y políticas que conforman la vida y actividades del ser humano y la vida colectiva. Por ello, ninguna cultura puede ser estática ni aislarse, sino que interactúa con otras y evoluciona, ya hoy en día muy ligada al concepto del pluralismo y la democracia. La "identificación étnica es una respuesta normal y sana a las presiones de la globalización".[24]

---

[22] Comisión Mundial de Cultura y Desarrollo, *Our Creative Diversity: Report of the World Commission on Culture and Development*, París, UNESCO, 1995 (se cuenta por el momento sólo con la versión en inglés).
[23] *Ibid.*, pp. 16 y 17.
[24] *Ibid.*, p. 17.

LA PERSPECTIVA DE NUEVAS INSTITUCIONALIZACIONES 111

La cultura, entendida con esta amplitud, viene a ser, en palabras del presidente de la Comisión, "una variable central que explica las distintas modalidades del cambio y es un determinante esencial, aun la esencia misma, del desarrollo sustentable, puesto que las actitudes y los estilos de vida gobiernan las formas en que administramos todos nuestros recursos no renovables".[25]

La Comisión se plantea la necesidad de establecer políticas culturales. En forma congruente con las definiciones anteriores, se establece que la globalización de los procesos culturales no la dirige en realidad ningún país determinado, pues no son los gobiernos los que pueden determinar la política cultural. Nada mejor que citar un par de párrafos del informe:

> Cuando la cultura se entiende como la base del desarrollo es preciso ampliar de manera considerable la noción misma de la política cultural. Toda política de desarrollo deberá ser profundamente sensible a la cultura por sí misma e inspirarse en ésta.
>
> ...el definir y aplicar dicha política significa encontrar factores de cohesión que mantengan integradas a las sociedades multiétnicas, haciendo mejor uso de las realidades y oportunidades del pluralismo. Entraña la promoción de la creatividad en la política y en la gobernación, en la tecnología, la industria y la actividad empresarial, en la educación y el desarrollo social y comunitario, así como en las artes. Requiere que los medios se empleen para abrir las oportunidades de comunicación a todos, reduciendo la distancia entre los que tienen acceso a la información y los que carecen de él. Significa adoptar una perspectiva de género que visualice las preocupaciones, las necesidades y los intereses de la mujer y procure una más justa distribución del poder entre los hombres y las mujeres. Representa dar a los niños y los jóvenes un mejor lugar como portadores de una nueva cultura mundial que está en proceso de generarse. Supone una diversificación cabal de la noción de la herencia cultural en el cambio social. En relación con el ambiente natural, lleva en sí el alcanzar una mejor comprensión de las dimensiones profundamente culturales de la gestión ambiental y la creación de instituciones que permitan llevar a la práctica dicha comprensión. Por último, ...hace ver la necesidad de nuevas investigaciones que presten atención a la integración hasta hoy

[25] *Ibid.*, prólogo del presidente, p. 10.

desatendida de la cultura, el desarrollo y las formas de la organización política.[26]

Quedan, por lo tanto, planteados los términos en que, ante la globalización, deberán considerarse la interdependencia cultural y la identidad cultural propia.

2.3.4. *Los medios de comunicación*

En relación con la perspectiva cultural es evidente también la influencia de los medios de comunicación, que han alcanzado un alto grado de penetración mediante el uso intensivo de la electrónica y los satélites y que muestran marcadas tendencias a una cada vez mayor interacción. Al lado de los aspectos positivos debe señalarse que no pueden pasarse por alto los excesos y los abusos, las especulaciones y la proclividad a ofrecer opiniones sesgadas o "editorializadas" y a manipular a la opinión pública con las imágenes. Como se afirmó con anterioridad, la repercusión instantánea de la información puede incrementar la incertidumbre natural de las perspectivas políticas, económicas, financieras y sociales, y en muchos casos puede desorientar y exacerbar interpretaciones y visiones erróneas de la realidad, con efectos acumulativos en la propia incertidumbre. Será sin duda un tema difícil, espinoso, insertado en el marco de la convivencia internacional del futuro.

2.4. NOTA SOBRE EL LARGO PLAZO

En muchas sociedades y en muchos medios de información, así como en esferas institucionales y políticas, tiende todavía a menospreciarse la visión de largo plazo. Cierto es que, con pocas excepciones, y sobre todo en épocas de crisis y transición, suelen privar las consideraciones inmediatas y de corto plazo o que no van más allá de horizontes relativamente cercanos. En los últimos 30 años —dejando fuera las utopías que regularmente surgen en el firmamento social y político— ha

---

[26] *Ibid.*, cap. 9, p. 232 (traducción del inglés).

habido advertencias claras sobre situaciones futuras, a plazos más o menos extendidos, que pueden afectar a la humanidad. En vista del deterioro ambiental en todos los rincones del planeta, se han advertido las posibles consecuencias para la salud de la especie humana. Se ha señalado la pérdida de biodiversidad y el efecto de los continuos embates contra la naturaleza, aun en las áreas menos pobladas. Se han puesto sobre el tapete consideraciones sobre el agotamiento, o aun el grave encarecimiento real, de determinados recursos naturales. La Comisión Brundtland tomó como centro de su preocupación el problema planteado por el empleo de energéticos de origen fósil, cuyos efectos contaminantes son graves y cuyas consecuencias son todavía imprevisibles en virtud del resultado de las emisiones de carbono sobre la temperatura media atmosférica, con repercusiones en cambios climáticos globales y regionales. Algunas soluciones alternativas que en su momento parecían racionales —por ejemplo, la noción de que la energía nuclear, por ser "limpia", evitaría los efectos contaminantes de los combustibles de origen fósil— han quedado desacreditadas por diversas razones.

Sin embargo, en otros terrenos se advierte todavía mucho escepticismo respecto a las advertencias. Por ejemplo, como ya se ha dicho, prevalece en muchas partes la idea de que el incremento demográfico —que para el año 2050 supondrá una población global de no menos de 7 800 millones de habitantes pero que podría ser de 12 500 millones, distribuida desde luego en forma mucho más concentrada precisamente en las regiones de menos desarrollo y menor nivel de vida— no presentará mayor problema, ni siquiera en cuanto a la sola alimentación. Existen ya señales de dificultad para sostener el suministro alimentario de la población en muchas partes del mundo debido a la erosión continua de los suelos, la insuficiencia del abastecimiento de agua y la pérdida de la calidad de ésta, la contaminación por empleo de agroquímicos, la disminución continua del área cultivable, la depredación de los bancos pesqueros y muchas manifestaciones más de la actividad "irracional" con respecto a la naturaleza y al medio ambiente en general, resultante de la actual conformación socioeconómica de la humanidad.

No se trata de caer en catastrofismos, pero sí de construir "escenarios" realistas en cuanto al futuro a largo plazo, en toda su complejidad y no obstante que se carece todavía de muchos elementos de previsión. No puede suponerse que todas las sociedades están dotadas de igual capacidad para hacer frente a sus problemas por venir. Tampoco, que la cooperación internacional va a solventar las carencias y resolver dichos problemas. En los últimos años se ha generado gran número de grupos de estudio del futuro, en todos los continentes, que abordan con distintas metodologías las visiones y perspectivas a largo plazo, tanto a nivel global y regional como en el contexto nacional. En el camino, se producen muchas sorpresas y se contradicen muchos pronósticos. También se confía en que los adelantos tecnológicos continúen aportando soluciones. Sin embargo, se han producido situaciones en muchos casos críticas que constituyen grandes desafíos a los que no se ha podido aún hacer frente. Las acciones para prevenir el cambio climático han tenido poco éxito, y tropiezan incluso con opiniones escépticas, cuando no interesadas. El Protocolo de Montreal para reducir y suspender la producción de los CFC ha tenido respuesta positiva hasta cierto punto, pero a sabiendas de que el cloro continuará haciendo estragos en la capa de ozono durante varios decenios, si no un siglo más, con efectos incalculables. La pérdida de biodiversidad y la desforestación siguen su marcha, aun sin conocerse sino una décima parte del total de las especies de la fauna y la flora. La transición hacia los energéticos a base de biomasa, la energía eólica y la solar es sumamente lenta y tropieza con gran escepticismo. El transporte público en ciudades y carreteras dista mucho de prever el ocaso del automóvil de combustión interna. Las mismas ciudades siguen creciendo, con todos sus costos reales para la población asentada en ellas, sin que se piense que puedan existir límites y que se requerirán sistemas alternativos de asentamiento.

En fin, el largo plazo, para muchos, a horizontes de dos o más generaciones, ya está presente o debería estarlo, pero no se ha incorporado de manera sistemática a las acciones de los gobiernos ni de la sociedad civil, ni forma parte de la gobernación local, nacional, regional o global (en el sentido mencionado en el capítulo II, apartado 2.1.2), pero jamás será tarde para empezar.

Las anteriores consideraciones no se hacen por su posible valor teórico, sino porque pueden servir de marco a lo que se piense o elucubre acerca del porvenir, también a largo plazo, de la nación mexicana, de sus habitantes, sus recursos, sus asentamientos humanos, su sistema social e institucional, su forma de hacer frente a las necesidades básicas ya percibidas y a las alternativas viables para ofrecer a la población, cuyo número sigue aumentando a tasa relativamente elevada, mejores medios de vida sobre base permanente. Entran en juego asimismo las relaciones de México con el resto del mundo en el contexto de la globalización, principalmente económica y financiera, que para el país se relaciona en medida significativa con la integración del área de América del Norte. Ni México puede vivir ya aislado del mundo externo, encerrado en una pretendida endogeneidad, ni el resto del mundo, y en particular los países vecinos del norte, el sur y el Caribe, lo mismo que de otras latitudes lejanas, pueden ya prescindir de la consideración de la problemática mexicana del futuro.

Éstas son algunas de las razones por las que el presente estudio se ha emprendido con la doble mira de considerar las perspectivas globales y de situar en ellas, hasta donde sean pertinentes, las perspectivas nacionales, que en la Segunda Parte se examinan de manera todavía segmentada a fin de inducir nuevas ideas, nuevas visiones, nuevas posibilidades. La Primera Parte, que aquí concluye, también se considera como susceptible de nuevas consideraciones y enfoques a mediano y largo plazos. Se ofrece como un conjunto que, apoyado en el conocimiento de las tendencias y de la literatura sobre posibles escenarios futuros que pueden contener cierto grado de probabilidad, puedan servir de marco mínimo de referencia. Se espera, además, que la perspectiva global que aquí se presenta incite a otros a estudiarla y relacionarla con los horizontes que se abren a la nación mexicana para el futuro.

Segunda Parte

MÉXICO Y EL DESARROLLO SUSTENTABLE CON EQUIDAD

III. EL ÁMBITO POLÍTICO*

INTRODUCCIÓN

MÉXICO hace frente a sus perspectivas de desarrollo en una nueva coyuntura internacional definida por un proceso de intensa globalización y de creciente interdependencia. En este nuevo orden internacional, aún en cierne, se redefinen las relaciones externas y los patrones internos de organización económica, social y política, así como las instituciones y valores que caracterizan a la cultura nacional.

En la Primera Parte de este informe se examina extensamente la perspectiva global. En el marco de esas grandes tendencias de cambio —de alcance global, regional y específicamente local—, el propósito de este capítulo es estimular una reflexión sobre las condiciones políticas de un desarrollo sustentable y equitativo en México.

En su primera etapa, el trabajo abordará la noción de política y su relación con el desarrollo sustentable, y posteriormente analizará las condiciones políticas del desarrollo sustentable a nivel internacional y a nivel nacional, para finalizar con el tratamiento de las interrelaciones entre estos dos niveles en lo que toca a México.

3.1. CARACTERIZACIÓN DE LA DIMENSIÓN POLÍTICA DEL DESARROLLO SUSTENTABLE

3.1.1. *Influencia de la globalización*

Resulta imprescindible empezar por subrayar los efectos políticos de la globalización. Con el incremento de la interrelación global, la capacidad de decisión de los gobiernos nacionales

---

* Informe del grupo de trabajo correspondiente, cuya integración se señala en el Anexo 2.

tiende a estar acotada por límites más estrechos. Los Estados pueden incluso perder otras opciones de intervención en su interior dada la expansión de las fuerzas y organizaciones transnacionales, que reducen la influencia particular que los gobiernos puedan ejercer sobre las actividades de sus ciudadanos. En este contexto, muchas de las actividades tradicionales de los Estados no pueden ser cumplidas sin hacer uso de la cooperación internacional. Por lo tanto, éstos han tenido que elevar su nivel de integración política con otros Estados, abriendo camino a la creación de instituciones internacionales que embrionariamente establecen reglas de acción para la colectividad mundial. En otras palabras, la globalización genera y enmarca problemas que requieren soluciones a nivel mundial o regional. Estos problemas trascienden las posibilidades operativas de un solo país. La globalización redefine la relación entre un contexto mundial y el Estado-nación.

3.1.2. *Caracterización de la política*

Nuestro mundo está compuesto por una pluralidad de redes superpuestas de relaciones sociales y de organización social. Si bien estas redes se conforman sobre una multiplicidad de elementos comunes (individuos, objetos, símbolos), difieren entre sí en la forma, la lógica y el objetivo de la organización que realizan, y se mantienen, por esta razón, relativamente autónomas unas de otras.[1]

La política es una de las tres principales redes de relaciones sociales y de organización social junto con la económica y la cultural-ideológica. La red política de relaciones sociales surge de la necesidad de *centralizar en un ámbito territorial determinado* la producción de normas de alcance colectivo.[2] No hay sociedad que no disponga de un espacio centralizado para la producción de tales normas, sancionadas en un territorio determinado. La política es el ámbito sustantivo (que incluye acto-

---

[1] El concepto de redes de organización social ha sido tomado de Michael Mann, *Las fuentes del poder social*, México, Alianza Editorial, 1990.
[2] Véase en este punto el artículo de Mann, "The autonomous power of the State", *Archives Européennes de Sociologie*, 1994.

res, instituciones y recursos) alrededor de la toma de decisiones colectivas, soberanas y sancionables.[3]

3.1.3. Elementos del análisis político

Los aspectos más importantes que son objeto permanente del análisis político son los siguientes:

- Los mecanismos y arreglos institucionales que moldean el espacio y el contenido de la toma de decisiones públicas: los actores intervinientes, los arreglos corporativos, las disposiciones constitucionales y legales, y las organizaciones burocráticas de gestión.
- El régimen político, es decir, las instituciones y normas jurídicas que regulan el acceso, la distribución y el ejercicio del poder político. En particular, el análisis político se dirige a detectar la existencia de mecanismos institucionales democráticos o autoritarios.
- El sistema político, que se caracteriza como el conjunto articulado de las prácticas y relaciones de poder vigentes efectivamente en una sociedad.
- La representación de intereses sectoriales, en particular las formas de representación (funcional, territorial, ideológica), la amplitud de la representación, los mecanismos institucionales de canalización de intereses (corporativos pluralistas, inexistentes); la autonomía de las organizaciones de representación (corporativismo, clientelismo, autonomía) o su ausencia.
- La gobernabilidad de los sistemas, o más precisamente la capacidad de los mismos para establecer metas y objetivos y para cumplirlos. En lo particular, el análisis político estudia la dirección efectiva de los sistemas en diferentes contextos de régimen político: democracias o autoritarismos.
- La capacidad administrativa y de gestión de los entes burocráticos del Estado. En concreto, la capacidad del Estado para definir líneas de acción en forma autónoma, aun in-

---

[3] En el sentido de Giovanni Sartori, aquellas adoptadas por algunos a nombre de todos.

merso en el conjunto de la problemática social. En este espacio, el análisis político abarca el estudio de todo lo referente a la reforma del Estado, su organización, su eficiencia y eficacia operativa, su viabilidad y lo referente a las nuevas funciones que debe cumplir: estratégicas, supletorias, regulativas y compensatorias.
- Los procesos de problematización social. Este aspecto tiene que ver con la cuestión de cómo ciertos hechos o cuestiones adquieren la atención de los funcionarios públicos y los ciudadanos. Desde un punto de vista normativo, tiene que ver con la cuestión de cómo hacer que los responsables de las decisiones políticas adquieran conciencia de determinados problemas sociales. Las dimensiones estudiadas en este caso son dos, muy relacionadas con puntos ya mencionados con anterioridad: la capacidad e idoneidad de quienes toman las decisiones públicas, y la posibilidad institucional de que los ciudadanos y grupos sociales eleven cuestiones a la consideración pública.
- La construcción de la sociedad civil. Esta última está compuesta de los ámbitos íntimos (tanto individuales como familiares), las asociaciones (principalmente las voluntarias) y los sistemas de representación social. La sociedad civil es vista desde el análisis político como una estructura mediadora entre el Estado y el mercado, y como base, desde el punto de vista normativo, de la consolidación de los procesos de democratización.[4]
- Las condiciones sociales y económicas que influyen de manera directa en la construcción de regímenes y sistemas democráticos: la distribución del ingreso, el nivel de escolarización, la cultura política, la distribución de recursos de poder e influencia, etcétera.

3.1.4. *La dimensión política del desarrollo sustentable*

El desarrollo sustentable es un concepto ligado a la producción de bienes y servicios en un marco de aprovechamiento

---

[4] Véase Jean Cohen y Andrew Arato, *Civil Society and Political Theory*, 1989.

racional y a largo plazo de los recursos naturales. En sí mismo, no es un concepto político. La política, en cambio, es una dimensión interviniente que *condiciona* el desenvolvimiento del proceso de desarrollo sustentable y equitativo. Las variables políticas deben interpretarse como mecanismos que favorecen o pueden no favorecer la instauración de un desarrollo de las características mencionadas.

En primer lugar, los elementos políticos —como la consolidación de una democracia gobernable, la capacidad de las agencias burocráticas, la ampliación de los mecanismos de representación y la pluralidad de las instancias decisorias favorecen la construcción de escenarios de decisión pública amplios y eficientes, con efectos positivos en la definición de estrategias de desarrollo sustentable. Estos mecanismos —principalmente la democracia— permiten una mayor incorporación social, aportan mayor justicia, apuntalan la legitimidad del sistema, obligan a los gobernantes a dar cuenta de sus actos *(accountability)* y, al mismo tiempo, los obligan a responder en forma más efectiva a los requerimientos de la población *(responsiveness)*. Estos resultados suelen condicionar positivamente, en un marco de altas capacidades institucionales y burocráticas de gobierno, las posibilidades de consolidar una estrategia de desarrollo racional, equitativo y sustentable.

Siguiendo esta línea de razonamiento, la consolidación de los derechos políticos permite aumentar la efectividad en la detección de necesidades públicas, su formulación y, con posterioridad, su solución. La participación ciudadana moldea positivamente tanto la responsabilidad de los gobernantes como la capacidad de respuesta que esgrimen. La democracia propicia el conocimiento común de la realidad nacional.

La participación de los ciudadanos y de las organizaciones —lo que puede en parte denominarse el elemento democrático— es condición necesaria, si bien no suficiente, para el diseño de un desarrollo sustentable y equitativo. La construcción de canales participativos debe ser paralela a la de los mecanismos y de la capacidad efectiva de gobernar. La ecuación central es entonces: participación junto con capacidad de gobierno.

En segundo lugar, las instancias netamente políticas pueden

servir para revertir mecanismos irracionales de producción colectiva, sobre todo en el ámbito económico. Los que explotan recursos naturales para la producción de bienes se encuentran muchas veces inmersos en un gran *dilema del prisionero*, que favorece condiciones individuales positivas a costa de los beneficios del *óptimo colectivo*.[5] La instancia política ofrece mecanismos institucionales de cooperación, ya sea forzada o no, que permiten a los actores y a la colectividad sustraerse a la lógica abrumadora del dilema del prisionero.

3.2. La dimensión política a nivel nacional

En los últimos 20 años, México ha vivido un proceso de transformación política cuyos signos más destacados pueden ser enunciados de la siguiente manera:

i) De un sistema cuasi monopartidista a un sistema pluripartidista en formación.

ii) De un sistema electoral sin competencia a un incremento considerable de la misma.

iii) De fórmulas de integración de la representación nacional de mayoría simple a fórmulas mixtas que combinan la mayoría simple y la representación proporcional.

3.2.1 A partir de 1929, con la creación del Partido Nacional Revolucionario (PNR), que sirvió para revertir la ola centrífuga de la Revolución, se inició un proceso de centralización de la política en el cual las diversas fuerzas, grupos y personalidades que se adscribían al ideario revolucionario encontraron una vía para el procesamiento y la negociación de sus intereses. Así, bajo el manto de una sola agrupación partidista se desarrolló lo fundamental del litigio y el acuerdo políticos.

[5] En el esquema analítico denominado *dilema del prisionero* los actores definen estrategias de acción que son individualmente racionales y congruentes con sus intereses, pero cuyo equilibrio derivado de la interacción es *colectivamente subóptimo*. Es una situación en la que a cada actor en lo individual le conviene no cooperar dada la estrategia del rival, con el consiguiente resultado colectivo deficiente. Véase Ward Edwards y A. Tversky (comps.), *Toma de decisiones*, México, Fondo de Cultura Económica, El Trimestre Económico, Serie Lecturas, núm. 27, 1979, y Morton D. Davis, *Introducción a la teoría de juegos*, Madrid, Alianza Editorial, 1986.

Si bien a lo largo de los años se produjeron diversas escisiones de la coalición gobernante —desde Vasconcelos hasta el general Henríquez Guzmán—, ninguna de ellas fue capaz de reproducirse de manera autónoma, mientras a los flancos del PNR-PRM-PRI se construían opciones partidistas, que de manera paulatina fueron desarrollándose e implantándose en el país.

No obstante, a fines de los años sesenta fue claro que franjas importantes de la población no encontraban en esa fórmula los caminos para expresar sus intereses y aspiraciones. De tal suerte que, por muy diversos caminos, afloraron iniciativas y discursos que buscaban y forjaban nuevos referentes partidistas.

No es el caso reseñar esa abigarrada y densa multiplicación de las ofertas políticas, pero luego de 20 o 25 años se puede comprobar la existencia de un sistema de partidos —si se quiere germinal— que expresa el agotamiento del viejo "modelo" y manifiesta también la necesidad y anuncia la posibilidad de un auténtico sistema de partidos. De esta manera, uno de los rasgos del proceso de cambio está dado por el tránsito de un sistema cuasi monopartidista a uno pluripartidista.

3.2.2 Durante varios decenios las elecciones se llevaron a cabo sin competitividad auténtica; ganadores y perdedores estaban predeterminados. La realización puntual y sistemática de elecciones derivada de la normatividad constitucional tenía carácter de ritual legitimador porque se le sobrepusieron prácticas y relaciones verticales y centralizadas.

Con el tiempo, la formación de una ciudadanía afectada por procesos combinados de educación, industrialización y urbanización acabó fijando su huella en el propio sistema de partidos. Asimismo, modificó el papel y el significado de las elecciones. De manera paulatina, aunque diferenciada a lo largo y lo ancho del territorio nacional, la competitividad electoral se incrementó, y muy diversos puestos de elección popular fueron ocupados por personas postuladas por distintos partidos.

De esta manera, el surgimiento de ofertas partidistas diferenciadas con arraigo y capacidad de convocatoria viene modificando el carácter de los procesos electorales, que pasan de ser eventos rituales legitimadores a convertirse en auténticas contiendas por los diversos puestos de elección popular.

Se trata de un proceso inacabado, porque el motor de la diferenciación del voto está vinculado a la propia diferenciación de la sociedad mexicana y su capacidad para traducirse en reformas políticas. Si a ello se suma el desgaste del discurso tradicional legitimador de origen revolucionario y su sustitución por el discurso de la legitimidad democrática, que casi todas las formaciones políticas afirman sostener, la creciente competitividad electoral es un elemento fundamental para definir el presente y el futuro político de México.

3.2.3 Este proceso ha venido acompañado además por cambios sustantivos en la integración de los cuerpos legislativos, que de las fórmulas de mayoría simple han pasado a fórmulas mixtas con las cuales se permite y fomenta la reproducción de la pluralidad en el Congreso de la Unión, en los congresos locales y en los ayuntamientos.

La primera reforma en ese sentido fue la creación en 1963 de los "diputados de partido", pero el impulso más importante fue la reforma de 1977 que inauguró el sistema mixto de integración de la Cámara de Diputados. Por esa vía, cuerpos legislativos que en el pasado fueron casi monolíticos se convirtieron en espacios receptores del pluralismo político. De tal manera se pasó, por lo menos en el terreno legislativo, de un modelo excluyente a uno incluyente. Las reformas políticas de 1986 y las que se produjeron en el periodo 1989-1994 siguieron transformando el sistema electoral para hacerlo un proceso más vigilado y transparente, aunque todavía inconcluso.

3.3. Liberalización y democratización

Las transformaciones enunciadas se han dado por medio de procesos combinados de liberalización de las relaciones políticas —apertura de los medios de difusión, reconocimiento de actores políticos antes marginados, ampliación del ejercicio de los derechos políticos, de asociación, expresión, manifestación, etc.—, así como por la generación de normas e instituciones democráticas, fomento de los partidos al considerarlos como "entidades de interés público", nuevas fórmulas de integración del Congreso, sucesivas reformas electorales, creación de nuevos procedimientos y órganos electorales, etc. Un aspecto importante que debe señalarse es que estas reformas, en su última etapa, se han realizado en el marco de un proceso de restructuración de la economía.[6]

3.3.1. *La liberalización*

La liberalización ha consistido en lo siguiente:

i) A partir de los años setenta fueron incorporados partidos a los que se mantenía excluidos del escenario institucional. Son los casos de varios de izquierda: el Partido Comunista Mexicano (PCM), el Partido Socialista de los Trabajadores (PST), el Partido Revolucionario de los Trabajadores (PRT), y el Partido Demócrata Mexicano (PDM). Este último tenía antecedentes en el sinarquismo, un movimiento político-religioso. Se trata en algunos casos de formaciones políticas que durante varios decenios vivieron en una situación indefinida que impedía la normalización de las relaciones políticas en el país.

ii) La apertura de los medios. Gradualmente, primero en la prensa, luego en la radio y, con fuertes reservas, en la televisión, los medios de difusión han empezado a abrirse al pluralismo. Para comprobar dicho proceso de liberalización, basta comparar el seguimiento que la prensa realizó del movimiento estudiantil de 1968 con el de cualquier movimiento social de parecida o menor magnitud en los años subsecuentes.

iii) De igual forma, el ejercicio de los derechos políticos se ha ensanchado de manera considerable. Las marchas y mítines y la multiplicación de agrupaciones y de órganos de difusión se han convertido en parte del paisaje político nacional.

iv) El expediente de la represión, sin esfumarse como fórmula para "contener" diversas demandas sociales, ha dado paso a los expedientes del diálogo, la negociación y el acuerdo. Para verificar ese cambio basta comparar la respuesta que diversas exigencias sociales y políticas obtuvieron en los años sesenta

---

[6] Véase el cap. IV de este informe, "La estrategia económica".

con las respuestas a movimientos similares en los setenta y ochenta. Sin embargo, se presentan diferencias notables en las distintas regiones del país.

3.3.2. *Hacia la democratización*

La democratización va más allá. No se alcanzaría a dar cuenta completa de los cambios producidos si se considera solamente como liberalización. Junto con ésta se han dado acciones políticas tendientes a la generación de normas e instituciones democráticas:

i) Los partidos políticos no sólo han sido tolerados o incorporados, sino institucionalizados. A partir de su reconocimiento constitucional como "entidades de interés público" son sujetos de una serie de derechos y prerrogativas que los convierten en actores centrales del litigio político.

ii) Los órganos y procedimientos electorales se han modificado con celeridad, aunque de manera errática. No obstante, su sentido general, aun cuando en ocasiones contradictorio, parece ser el de una reforma orientada a dar autonomía e imparcialidad a la autoridad y las reglas comiciales. En ese terreno, la creación del Instituto Federal Electoral (IFE) y del Tribunal Federal Electoral parece ser un punto de inflexión importante. En todo caso, no existe todavía acuerdo entre los distintos partidos políticos en cuanto a las condiciones que permitan a estos organismos funcionar con imparcialidad.

iii) La competitividad siempre en aumento pone sobre el tapete de la discusión temas que hasta hace unos años apenas se esbozaban. Tal es el caso de las condiciones de la competencia. Ahora se regula no sólo el financiamiento público, sino también el privado, los topes de gastos de campaña, la supervisión de ingresos y egresos, y se realiza un seguimiento sistemático del comportamiento de los medios. Se trata también de un proceso en el cual los distintos partidos políticos no han llegado aún a acuerdo.

iv) Las fórmulas para el Congreso y los ayuntamientos se modificaron para incluir a la pluralidad. Primero, la Cámara de Diputados; luego, los congresos locales; después los ayuntamientos, y finalmente el Senado y la Asamblea Legislativa del Distrito Federal. Todas estas instituciones modifican su composición asimilando el criterio básico del pluralismo.

v) La coexistencia de gobiernos estatales encabezados por fuerzas políticas distintas a las del gobierno federal, al igual que la coexistencia de ayuntamientos de un signo político con gobernadores de otro, habla también de un entramado institucional que ha sido capaz de asimilar la diversidad sin desgarramientos ni trastornos mayores.

3.3.3. *En busca de la gobernabilidad democrática*

Durante largos decenios el sistema político mexicano contó con márgenes muy amplios de gobernabilidad, pero en condiciones de una democracia precaria o de una combinación peculiar de elementos autoritarios y democráticos.

El surgimiento y fortalecimiento de partidos, el aumento de la competitividad y el proceso de reconocimiento institucional del pluralismo reclaman un ajuste a las instituciones republicanas, de tal suerte que la asimilación de la diversidad no se convierta en sinónimo de ingobernabilidad. De esta manera, las medidas encaminadas a asegurar una nueva gobernabilidad tienen que hacerse cargo de que la pluralidad siga ampliándose, y ello reclama no sólo la aceptación sino el diseño de un marco institucional en el cual la expresión de las diferencias no sea equivalente a desgobierno.

Ése es quizás uno de los retos mayores del presente y del futuro inmediato, en la perspectiva de que el desarrollo sustentable supone un marco institucional de la política que lo haga posible. Para que la propia democracia sea sustentable se requiere que la misma sea eficiente y que aparezca a los ojos de las principales fuerzas políticas como la fórmula legítima para arribar a los puestos de dirección estatal. Por lo tanto, el reto de la democracia será lograr eficiencia y cumplir con las metas extrapolíticas que importan a la inmensa mayoría de los electores.

El reto de la democracia abarca también otros aspectos: uno de ellos es el de la información que emana del sector público y de la propia gestión legislativa y de los partidos políticos, campo en el cual es necesario que se gane mayor credibilidad a base de transparencia y de acceso de los medios de información y de los organismos no gubernamentales, así como del público en general.

Otro aspecto importante sería el de la necesidad de que los partidos establezcan sistemas democráticos de elección interna y mantengan finanzas transparentes.

Otro más, de carácter fundamental, es la posibilidad de que se permita la reelección en los cargos legislativos y en los ayuntamientos, aun cuando se limitara el número de periodos. La reelección permitiría, entre otras cosas, introducir la *accountability*, ya que la no reelección supone que los elegidos jamás se sentirán en la obligación de rendir cuentas a sus electores mientras no puedan o no quieran someterse de nuevo a una votación. La reelección los haría más sensibles a las demandas de sus electores y contribuiría por ello a los procesos de democratización. A largo plazo, podría pensarse también en una reelección limitada de los gobernadores.

El fortalecimiento del sistema de partidos, la competencia electoral en aumento, la alternancia en los puestos de elección popular, tendrán amplio efecto en las relaciones verticales y horizontales de poder. Pueden preverse en el futuro relaciones más complejas y tensas, así como productivas, entre Poder Ejecutivo federal, gobernadores y presidentes municipales, y de igual manera entre los poderes Ejecutivo y Legislativo tanto a nivel federal como en los estados. Porque mientras la matriz partidista de casi todos los funcionarios públicos fue única, las relaciones tendieron a ser verticales y disciplinadas, mientras que si las fuentes de postulación de los gobernantes y los legisladores empiezan a ser diversas, las mismas relaciones tenderán a cambiar de signo. Bajo el influjo de una mayor competencia electoral, los temas del federalismo y de la división y colaboración de poderes deberán ser replanteados.

Resumiendo, en el momento actual parece haberse logrado en la sociedad mexicana un consenso amplio por intermedio de los diversos partidos políticos en el sentido de avanzar más rápidamente en la implantación del esquema constitucional de 1917 que, hasta ahora, ha sido un régimen formal sin aplicación práctica completa. Las principales fuerzas políticas buscan que el sistema electoral sea plenamente confiable y equitativo, y desean equilibrio entre las tres ramas del gobierno federal y de los poderes locales, acotando los poderes del Ejecutivo, principalmente del presidente de la República, y fortaleciendo los poderes Legislativo y Judicial. Se pretende obtener asimismo mejor distribución de competencias constitucionales y de recursos entre la Federación, los estados y los municipios. De igual manera, se desea hacer efectiva la protección de los derechos humanos y respetar y alentar los derechos de asociación de individuos y grupos con propósitos políticos, sociales, económicos y culturales a nivel nacional y local. Además, se quiere favorecer y conducir la participación social en los procesos de conocimiento, discusión y formulación de las políticas públicas y en sus etapas de ejecución y evaluación.

De esta manera, los partidos políticos —que sería conveniente no se fragmentaran excesivamente para no arriesgar la gobernabilidad del sistema— deberán ser los actores principales de la vida política para articular opciones que orienten la participación de los ciudadanos y sus organizaciones en la integración de las instituciones representativas mediante los procesos electorales, siendo también los partidos las entidades que conduzcan la acción de las organizaciones ciudadanas en la tarea cotidiana de la gobernación, evaluando sus resultados e influyendo en las correcciones y ajustes que se requieran. Las organizaciones no gubernamentales no pueden sustituir el papel de los partidos, sino abocarse a los problemas cuyo planteamiento y discusión sea el origen y la justificación de su existencia.

El sistema político, por último, para su mayor eficacia y estabilidad, deberá impulsar la implantación del servicio civil de carrera en los poderes Ejecutivo y Judicial a los niveles que correspondan, de tal manera que se asegure el desempeño profesional bien remunerado de los servidores públicos. Asimismo, para propiciar un nivel ético adecuado en el desempeño de la función pública es aconsejable revisar el régimen legal de la responsabilidad de los servidores públicos, fortaleciendo tanto el sistema de control interno de las tres ramas de gobierno como los organismos dependientes del Poder Legislativo encargados de vigilar la acción del Poder Ejecutivo. Debe dotarse de la mayor autonomía posible al Poder Judicial, tanto a nivel federal como local.

3.4. Interrelaciones entre los niveles nacional e internacional

La construcción de los mecanismos políticos que favorezcan una estrategia de desarrollo sustentable y equitativo deberá darse simultáneamente en los planos nacional e internacional. El contexto globalizador hará que los avances en estos planos estén firmemente vinculados entre sí y que existan influencias o condicionamientos mutuos.

3.4.1. *La influencia internacional en el contexto nacional*

En el caso de México, el desarrollo de los procesos internacionales o globales afectará mucho más el plano nacional que lo que éste pueda afectar a aquél. El contexto de la globalización, como se ha mencionado ya, abre condiciones para la paulatina pérdida de instrumentos políticos por parte de los Estados, aun los más poderosos, en relación con el complejo entramado de interacciones transnacionales. Los espacios de relación global penetran y condicionan cada vez más la toma de decisiones a nivel local. La influencia del plano internacional sobre el nacional puede verse en los siguientes aspectos:

Primero, la interdependencia entre las diversas comunidades internacionales se profundizará. La posición internacional de las naciones y la estructura de oportunidades que los diferentes arreglos institucionales internacionales presenten ante la estrategia de cada nación, influirán en el tipo de construcción política institucional interna para los fines de mejorar la posición relativa de los Estados.

Segundo, los arreglos constitucionales de los organismos de

gobierno internacional influirán sobre las estrategias institucionales internas, particularmente tendiendo a mejorar la estrategia de relaciones internacionales de los actores nacionales.

Tercero, las estructuras políticas nacionales deberán traducir a normas e instituciones locales el conjunto de disposiciones y reglamentaciones emanadas de los cuerpos de gobierno internacional.

Cuarto, las influencias directas o presiones de otros países, de las instituciones internacionales y de las organizaciones transnacionales en el desarrollo institucional interno de cada país. Pueden señalarse en este sentido las presiones hacia la adopción de determinados regímenes políticos o garantías republicanas; como ejemplo, en el marco del TLCAN, el de los Estados Unidos frente a México en cuestiones referidas a la democracia, el respeto de los derechos humanos y el combate al narcotráfico.

Quinto, la influencia de las redes internacionales de intercambio, producción y financiamiento en la forma y el contenido en que se definirá la estrategia productiva mexicana: esferas de producción privilegiadas, tipo de financiamiento otorgado, tipo de desarrollo tecnológico, espacios de inserción internacional, etcétera.

Finalmente, es preciso hacer resaltar el grado de influencia internacional mediante los procesos de internalización del contexto global. La estrecha relación entre los espacios nacional y global hace que la construcción de instituciones y la toma de decisiones nacionales expresen criterios, valores y normas en gran parte legitimados en los escenarios internacionales. Es decir, además de la existencia de sanciones o presiones internacionales frente a ciertas pautas de conducta local —un aspecto en cierto grado coercitivo y externo—, lo que se advierte cada vez más en los planos nacionales, son procesos al interior de la toma de decisiones locales que asumen pautas o valores del espacio global; o sea, se va asentando una predisposición *interna* a asumir pautas globales.

3.4.2. *El efecto de lo nacional en el contexto global*

La posible influencia del contexto mexicano sobre los planos globales es desde luego menos importante que la observada a la inversa en el apartado anterior. Sin embargo, la influencia nacional existe y se manifiesta en diversas formas.

La evolución de las estructuras políticas nacionales en cuanto a la distribución de poder, el espacio de representación de intereses locales y la capacidad operativa de las burocracias estatales será un factor preponderante en la inserción diferenciada de los actores nacionales en el contexto internacional, así como en la conformación de estrategias de cooperación regional frente a otros agrupamientos de países.

En segundo término, el dinamismo y la legitimidad de los arreglos institucionales internos de las naciones serán factores primordiales en la construcción de diseños institucionales internacionales más favorables a sus intereses. El resultado de la lucha por definir las reglas del juego internacional dependerá en gran medida de las estructuras internas de los países.

Por último, y en relación con otras dimensiones de análisis, es preciso señalar el efecto de las decisiones nacionales en cuanto a diseño productivo, desarrollo tecnológico, uso de recursos naturales y conservación, protección y mejoramiento del medio ambiente nacional, sobre los circuitos internacionales de financiamiento e intercambio, sobre la sustentabilidad internacional del desarrollo y sobre la situación del ecosistema global. La imagen que México presente a este respecto en las esferas del sistema de las Naciones Unidas será siempre importante para otros países.

IV. LA ESTRATEGIA ECONÓMICA*

INTRODUCCIÓN

Hoy en día, si se acepta el concepto del desarrollo sustentable y equitativo como objetivo a largo plazo para la sociedad global —el respeto a la "casa común", en el lenguaje de Mijaíl Gorbachov y otros—, resulta evidente que la estrategia económica no puede formularse ni establecerse sin relacionarla estrechamente con todos los aspectos del medio ambiente. Antes de los compromisos adoptados en la Declaración de Rio de Janeiro de 1992, el desarrollo económico podía no regirse por la idea del desarrollo sustentable; sin embargo, los compromisos "no obligatorios" de esa Declaración y en general de las convenciones y acuerdos de ese tipo emanados de las conferencias internacionales no aseguran que ningún país haya comenzado en 1993 a establecer las bases de un desarrollo económico sustentable y equitativo, como ya se observó en la Primera Parte de este informe (cap. I, apartado 1.1.5, y cap. II, apartado 2.2.2).

Es más, existen claros indicios de que muchos países, entre ellos los Estados Unidos, que constituyen la economía más grande y de mayor poder de compra del mundo, y no pocos semindustrializados, así como gran número de aquellos en vía de desarrollo, están lejos de haber emprendido una política integrada y ampliamente concebida de desarrollo sustentable. Tan sólo el elevado consumo de energéticos de origen fósil sigue delatando que falta capacidad y voluntad para impedir la contaminación atmosférica que generan y para alargar la vida de esos recursos no renovables.

México no deberá, en consecuencia, sumarse a esas tendencias todavía dañinas para la sociedad global y las generaciones futuras que la formarán. Antes bien, a un país todavía

* Capítulo basado en parte en materiales reunidos por un grupo de trabajo cuya integración se señala en el Anexo 2.

en vía de desarrollo le es dable formular una estrategia alternativa que, además de respetar el medio ambiente global y nacional, pueda lograr los resultados de ingresos familiares, nivel de vida y calidad de vida que su población actual y futura.

El capítulo presente considera las tendencias de la economía mexicana, la problemática de su transición hacia un sistema y una estructura más eficaces e internacionalmente competitivos y la naturaleza de algunos de los problemas de largo plazo, entre ellos no sólo los internos, sino los de una integración firme y segura a la economía global. En este contexto, importa considerar en especial la relación intensa, real y efectiva que guarda la economía de México con la de los Estados Unidos y Canadá, que en buena medida se ha formalizado en virtud del Tratado de Libre Comercio de América del Norte suscrito en 1993 y vigente desde enero de 1994.

4.1. El desarrollo económico de México hasta 1994

4.1.1. *La primera transformación (1950-1980)*

La economía mexicana creció rápidamente entre 1950 y 1980, a una tasa superior a 6% anual, que dada la dinámica demográfica de ese periodo representó un promedio de ascenso del PIB por habitante de alrededor de 3%. En esos tres decenios se dio un importante avance en el proceso de industrialización; se mejoró una parte del sector agropecuario con la aplicación de nueva tecnología y los consiguientes aumentos de productividad; se amplió una parte de la infraestructura eléctrica, urbana y de transporte, y se estableció un considerable desarrollo financiero nacional. El aprovechamiento del ahorro interno aumentó y se recurrió apenas modestamente al crédito externo, en especial del Banco Mundial, el Banco Interamericano de Desarrollo y proveedores internacionales y bancos europeos y norteamericanos. El empleo y el salario real en el sector formal se elevaron en forma constante, por lo menos hasta mediados de 1976 —año de fuerte ajuste cambiario—, pero sobre la base del auge del sector petrolero de 1977 en adelante reanudaron su ascenso, hasta 1982. La inflación entre 1951 y 1972 había promediado menos de 5% anual; había cierta congruencia general en las políticas macroeconómicas de la época. Sin embargo, la industrialización se escudó a su vez en una política altamente proteccionista y en buena medida basada en el principio de la intervención del Estado en la vida económica y social (con posterioridad denominada rectoría del Estado). El intervencionismo abarcó no sólo múltiples modalidades de regulación, sino aun la participación de empresas organizadas y operadas por el Estado en procesos de producción directa. Además, la sustitución ineficaz y desordenada de importaciones acabó por crear una estructura industrial incompleta, ineficaz y de altos costos, que a la postre resultó no estar en condiciones competitivas para incursionar con manufacturas, como ya lo habían hecho otros países en vía de desarrollo, en los mercados mundiales, ni siquiera el más cercano y poderoso, el de los Estados Unidos.

En 1974, tras el descubrimiento de nuevos yacimientos de petróleo crudo y gas dos años antes, se inició un gran auge del sector petrolero que comprendió tanto una mayor producción como la obtención de precios más elevados de exportación, así como un incremento muy considerable de la inversión pública en exploración, explotación e instalaciones. Este cambio en la estructura económica tuvo el efecto de postergar muchas de las reformas económicas que ya se consideraban necesarias, entre ellas la apertura de la política comercial para pasar del ultraproteccionismo a una ausencia de restricciones cuantitativas y a la reducción del nivel arancelario a tasas moderadas. La economía vivía aislada de la competencia internacional, salvo por los efectos de la frecuente sobrevaluación de la moneda, que tendía a inducir importaciones y a impedir exportaciones de manufacturas. El petróleo no salvó a México de crisis y ajustes; antes bien las exacerbó, al hacer de él un sujeto de crédito externo sin cortapisas, que llevó la deuda externa total de 4 000 millones de dólares en 1970 a 88 000 en 1982, con un servicio de intereses que consumió en este último año 13% de los ingresos en divisas por bienes y servicios exportados. La suspensión de nuevos créditos externos a mediados de 1982 precipitó una enorme pérdida de confianza y dio inicio a un proceso de depreciación monetaria e inestabilidad del que en gran parte no se ha salido aún.

4.1.2. *La segunda transformación (1983-1994) y la crisis de 1995*

De hecho, el inevitable ajuste macroeconómico iniciado en 1983, seguido de la decisión tomada en 1985 de apertura comercial y adhesión al GATT, al mismo tiempo que se comprimía la demanda interna y se empezaba una restructuración profunda del sector manufacturero, tuvo fuerte incidencia negativa en el empleo y los niveles de salario real. Entre 1970 y 1983 la población de México había aumentado de 48.2 a 73 millones de personas, o sea, en alrededor de 25 millones; parte de ella, la fuerza de trabajo, creció en unos 12 millones. El desempleo, que nunca había desaparecido, y el subempleo, ya crónico, se incrementaron en esos años. Al cesar el crecimiento comenzaron a ampliarse las brechas sociales y se agudizó la polarización que ya caracterizaba a la sociedad mexicana. En consecuencia, empezó a deteriorarse la calidad de vida integral.

Hubo algunos resultados positivos, por ejemplo, el inicio de una exportación de manufacturas de creciente volumen y valor, estimulada en gran medida por la subvaluación de la moneda; el incremento rápido de las actividades de maquila en la zona fronteriza, extendidas más tarde a otras regiones del país, y la depuración de un sector público ineficiente y los comienzos del proceso de privatización de empresas e instituciones del Estado, junto con recalendarizaciones de la deuda externa. Por otros medios, se contribuyó a crear bases más estables para la estrategia económica futura que empezaba ya a delinearse. Sin embargo, la crisis de la Bolsa de Valores de 1987 y una tasa de inflación acelerada obligaron a otro importante reajuste, iniciado con el llamado Pacto de diciembre de ese año, que entró en vigencia en enero de 1988. El Pacto logró reducir en pocos meses la tasa mensual de inflación de 15 a 5%, y luego a un nivel de 2 a 3% mensual; pero al mismo tiempo deprimió aún más la demanda interna y adoptó como ancla, no obstante las tendencias inflacionarias, una creciente sobrevaluación del peso.

Entre 1989 y 1993 se acentuó la aplicación de la estrategia de apertura comercial y de consolidación de la reducción de las funciones económicas promotoras del desarrollo por parte del Estado, se alentó la inversión extranjera directa y se atrajeron cuantiosos recursos financieros del exterior al mercado financiero mexicano mediante el mantenimiento de tasas de rendimiento muy atractivas. Se alentó asimismo la privatización en gran escala de instituciones bancarias, la formación de consorcios financieros privados y la venta a grupos privilegiados de importantes empresas del sector público. La polarización entre grandes empresas privadas, nacionales y extranjeras, por un lado, y la gran masa de empresas medianas y pequeñas y de las denominadas microempresas, por otro, se volvió mucho más marcada. La necesidad de la competitividad internacional en ciertos sectores llevó a restructuraciones tecnológicas y financieras indispensables, pero no alcanzó a la totalidad del espectro industrial. Una rápida —y en muchos aspectos excesiva— apertura comercial, previa a la negociación final del TLCAN en 1993, redujo al mismo tiempo los volúmenes de empleo y debilitó la capacidad de contratación laboral del movimiento obrero. La pequeña industria, y aun sectores de la mediana que no tuvieron oportunidad o posibilidad de asimilarse a los grandes consorcios, sufrieron un fuerte descenso de su actividad. El Estado no respondió con medidas de aliento directo ni dio apoyos financieros adecuados. Para 1993, la nueva estrategia no había demostrado su capacidad de crear empleo, ni siquiera de mantener una tasa de incremento suficiente del PIB, excepto en algunos sectores de exportación de manufacturas, en su mayoría controlados por empresas transnacionales.

En 1993, el PIB de México (calculado a precios constantes de 1980) fue sólo 20.7% superior al de 1980, o sea, hubo una tasa media de incremento de 1.5%, inferior desde luego al crecimiento de la población, todavía entonces cercano a 2.5% anual. El ingreso *per capita* decreció 5.9% en términos reales entre 1980 y 1990, y siguió disminuyendo. En 1993, la economía se estancó con un crecimiento registrado de sólo 0.7%

y descendió durante el primero y el tercer trimestres de 1994, con alguna recuperación en el segundo y el cuarto, que resultó en un incremento de 3.5% en todo el año. Sin embargo, la recuperación en 1994 no compensó el bajo promedio de todo el periodo considerado, y además se generaron movimientos financieros desestabilizadores. El déficit comercial, que desde 1991 venía ascendiendo con rapidez, había empezado a financiarse en su mayor parte con ingresos de capital financiero a corto plazo, atraídos por tasas de rendimiento real muy elevadas. La percepción de este enorme déficit, cercano a 7.5% del PIB, y el efecto desconcertante de algunos acontecimientos políticos del año y de actos de violencia, redujeron la confianza en la política cambiaria. Las salidas de capital y los compromisos resultantes de la no renovación de instrumentos de deuda externa a corto plazo por sus tenedores, condujeron a la pérdida de 50% de las reservas monetarias netas, lo que derivó en un ajuste cambiario negativo de 44% durante el mes de diciembre de 1994

Se inició así en 1995 otro periodo de inestabilidad y reajuste, esta vez tanto financiero como, aún más profundo, de la economía real, que se prolongó todo el año, marcado por un descenso de 6.9% del PIB y una continua depreciación del peso. El proceso de recuperación esperado para 1996 ha sido muy disparejo y, en su conjunto, no obstante el aumento de las exportaciones inducido en gran parte por la subvaluación del peso frente al dólar, no empezó a tomar fuerza sino hasta mediados del año. Las perspectivas de incremento anual del PIB en 1996, después de los descensos que persistieron en la primera mitad, se han cifrado entre 1.7 y 2.3%. Al mismo tiempo continuó bajando el empleo formal y se redujo el salario real medio. El PIB del sector comercial, que disminuyó 14% en 1995, continuó abatido en la primera mitad de 1996. El sector de manufacturas bajó 6.4% en 1995 y el de la construcción 22%, sin recuperación apreciable en el primer semestre de 1996.

Las consecuencias sociales de los efectos no previstos de la estrategia económica seguida han sido inimaginables: empeoramiento de la desigualdad de ingresos y de los niveles de pobreza y pobreza extrema, aumento de la economía informal, duplicación de los coeficientes de desempleo y amenazas crecientes a la paz social. A pesar de muchos aspectos positivos, la nueva estrategia de crecimiento económico, que no puede llamarse propiamente una estrategia de desarrollo, no ha generado aún las condiciones que permitan reducir en proporción significativa la desigualdad social.

En el capítulo v, "La problemática social", se entra en mayores consideraciones sobre esta perspectiva, que, por supuesto, tiene además raíces mucho más lejanas y profundas.

4.2. La economía mexicana considerada como base para un desarrollo sustentable

4.2.1. *La situación actual*

La influencia de factores tanto internos como externos ha traído una modificación radical de las bases, modos de operación y estrategias de desarrollo de México a partir de los años ochenta. El eje de la economía se desplazó del mercado interno al externo, y se pasó de una economía caracterizada por la presencia amplia y profunda del Estado en los procesos productivos a una en que la iniciativa privada, nacional y extranjera, adquirió un papel de actor central del crecimiento y el desarrollo. Los centros de decisión son ya en parte externos y en parte del sector privado nacional. Se dejaron atrás políticas que regulaban y subsidiaban excesivamente la actividad económica, y se propició la participación de nuevos actores, entre los cuales la libre competencia se considera el principal regulador. Se desregularon los sectores agropecuario, financiero y de comunicaciones y transportes y se descansó en inversiones privadas para tratar de asegurar la expansión de estos sectores y de la infraestructura.

Sin embargo, los rezagos y problemas de la economía mexicana son aún considerables:

i) El sector agropecuario continúa sumido en una crisis profunda generada por la descapitalización sufrida durante largos 30 años. En 1994, su aportación al PIB fue de aproximadamente 8%, mientras que 25% de la población del país se considera como propiamente rural. De los 27 millones de hectáreas cultivables 75% son tierras de temporal, trabajadas con pocos servicios técnicos, con productividad y rentabilidad bajas. El minifundismo —casi 60% de los 6.3 millones de unidades de explotación rural cuentan en promedio con menos de cinco hectáreas— se refleja en general en baja rentabilidad.

ii) El sector industrial manufacturero se caracteriza por una dualidad muy marcada. Algunas ramas se han modernizado en gran medida y son competitivas a nivel internacional, entre ellas la automotriz, las del vidrio y el cemento, la farmacéutica, la electrónica, la metálica básica, las de maquinaria y equipo para oficinas y la informática. Buena parte de estas ramas están representadas en el sector de maquila, al que un régimen especial le ha permitido emplear insumos importados libres de impuesto con fines de reexportación de los productos ensamblados o acabados. Otra parte está constituida por empresas no maquiladoras pero que también han disfrutado de programas especiales de importación exenta de impuestos arancelarios para la parte exportable de su producción final.

El sector maquilador, que casi no adquiere insumos de origen nacional, ha registrado un crecimiento explosivo entre 1986 y 1996 al pasar de 809 plantas a cerca de 3 000. Las empresas del sector de maquila emplean ya a más de 700 000 personas, o sea, la quinta parte de la fuerza de trabajo industrial de México. Conforme al TLCAN, el régimen de la maquila se asimilará en un periodo de siete años a partir de la vigencia de aquél, es decir, el año 2001, a las condiciones en que opera desde el punto de vista del comercio exterior la industria en general; en el periodo de transición podrá colocar proporciones crecientes de su producción en el mercado nacional, aun cuando no se advierte hasta ahora ninguna tendencia en este sentido.

Por otro lado, la gran mayoría de los establecimientos industriales medianos, pequeños y de dimensión micro, además de su rezago tecnológico y de capacidad de gestión, se debaten en una grave crisis por la caída del mercado interno, la falta de crédito en condiciones favorables (tasas reales de interés superiores a 30% anual y acceso restringido al crédito a mediano y largo plazos) y otras limitaciones financieras y de comercialización.

La aportación del sector manufacturero al PIB fue de apenas 22.5% en 1994 y de 22.6% en 1995, proporción que será la característica de los años próximos, con ligera tendencia a rebasar 23%. La industria manufacturera no se apunta, en consecuencia, como un sector tan pujante en la formación del PIB como se ha venido suponiendo hasta ahora.

iii) El sector de servicios, que abarca una amplia gama, es el que ha predominado. Sin embargo, presenta una aguda dualidad: conviven grandes empresas modernas, por ejemplo en el turismo y el comercio al menudeo, con millares de establecimientos pequeños y microempresas sin base financiera ni capacidad de crecimiento. El sector financiero y de seguros se encuentra ante graves riesgos y rezagos; busca una parte de su salvación en la apertura a la participación de capital extranjero bajo costosas restructuraciones y reacomodos. Los servicios y el comercio aportan 60% del PIB.

iv) Las disparidades regionales han sido otra constante del desarrollo de México. La zona metropolitana de la ciudad de México concentra en la actualidad 43% del PIB (35% de la industria manufacturera), y otro 17% es atribuible a Monterrey y Guadalajara sumados. El proceso de reforma estructural ha exacerbado los desequilibrios regionales. El norte y parte del centro de México participan activamente en la dinámica de la globalización de los mercados (principalmente el de los Estados Unidos) y de la modernización tecnológica; no así el sur y el sureste, salvo algunos centros de la petroquímica y otras actividades del sector petrolero. El estancamiento económico de la mayor parte de esas zonas periféricas indica la existencia de factores estructurales difíciles de vencer.

4.2.2. *El desarrollo y el medio ambiente*

La estrategia de desarrollo seguida hasta ahora se ha basado en un uso intenso de recursos naturales sin considerar su reposición o, en su caso, la aplicación de procedimientos de economía y mantenimiento adecuados, en especial por lo que hace a los suelos, el agua para usos agrícolas, industriales y domésticos, las superficies boscosas y los energéticos. Durante decenios, el agua y el petróleo se han considerado casi como bienes gratuitos, los bosques han sido depredados y los suelos se han erosionado y aun desertificado. Los ríos, esteros y lagunas se han contaminado, y la vegetación aledaña ha sido destruida. La perspectiva hace pensar en el agotamiento de capacidades de producción.

La política ambiental de México se inició apenas en los años setenta, a raíz de la Conferencia de Estocolomo sobre el Medio Ambiente Humano. A fines de los ochenta, con base en modificaciones a la Constitución y una nueva legislación, se prestó más atención a diversos aspectos de la política ambiental, tanto en materia de recursos naturales como de control y disposición de los desechos industriales y municipales. La política adoptada ha sido la casi universal propugnada por la OCDE, la Unión Europea y las autoridades ambientales de los principales países industrializados: la de implantar un sistema de normas, muchas de ellas internacionales, y de regulaciones administrativas para hacerlas cumplir.

La efectividad de la política ambiental mexicana, en respuesta a las repercusiones negativas de las modalidades del desarrollo, ha sido muy baja. Según recientes informes oficiales, no se ha podido contener el deterioro ambiental.[1] Los siguientes datos revelan la intensidad de lo que sólo puede reputarse objetivamente como el desastre ambiental de México:

i) Se enumeran 25 áreas críticas, que incluyen zonas agrícolas (cap. 3 del informe bienal citado en la nota 1). (A esa lista habría que añadir toda la subregión de la frontera norte.) Se señalan también 15 áreas caracterizadas como de riesgo para la salud humana, incluida la ciudad de México y su zona metropolitana, y cinco áreas de alto riego personal para la población local debido a la presencia de sustancias carcinogénicas (cap. 3). Además, la calidad del agua urbana en ge-

[1] Véase, en especial, SEDESOL-INE, *México: Informe de la situación general en materia de equilibrio ecológico y protección del ambiente 1993-1994*, México, 1994; así como el recientemente publicado *Programa de Medio Ambiente 1995-2000*, México, Poder Ejecutivo Federal, 1996, que reafirma muchos de los datos anteriores y presenta cifras adicionales y diagnósticos integrados de algunas áreas de deterioro ambiental.

neral ha descendido, la desforestación continúa a una tasa anual superior a 1% y la intensidad energética en la producción ha aumentado en lugar de descender. Se estima que la acción contaminante de la industria de transformación se multiplicó por 20 entre 1950 y 1989, sin indicios de que empiece a atenuarse (cap. 11).

ii) En 1993, la generación de desechos municipales sólidos, excluidos los resultados de procesos industriales, se estimó en 893 kg *per capita* como promedio nacional (en el Distrito Federal, 1 259 kg). La mayor parte del total de 28 millones de toneladas que se generó ese año se originó en las zonas centrales del país y el Distrito Federal (60%); al norte correspondió 21% y a la zona de la frontera norte 6%. Más de la mitad del volumen total fueron desechos orgánicos y casi 20% vidrio, papel y plásticos, mientras el resto fueron metales y hule. Se calculó que 82% de tales desechos fue a dar a tiraderos a la intemperie, en su mayoría no controlados. Por añadidura, se estimó que en 1994 el volumen de desechos industriales peligrosos, tanto líquidos como sólidos, fue de 7.7 millones de toneladas, constituido en 38% por solventes, 41% por aceites, pinturas, soldadura, resinas, ácidos y derivados del petróleo y el restante 21% por desechos varios.[2]

iii) Han estado en ejecución programas de construcción de confinamientos sanitarios de desechos y de tratamiento de aguas y de reciclaje, incluidos proyectos especiales para los desechos tóxicos. En la zona de la frontera norte existe un régimen especial aplicable a las empresas maquiladoras, y se ha creado mayor conciencia de los agudos problemas ambientales en esa región, que afectan las aguas subterráneas. Sin embargo, en general queda mucho por hacer, por ejemplo la elaboración de un inventario actualizado de los desechos peligrosos.

iv) Por otra parte, no se ha logrado impedir que una proporción considerable, quizá la gran mayoría, de los desechos industriales peligrosos vaya a dar a los sistemas de drenaje, a los ríos y arroyos y otras superficies acuáticas, a las lagunas y esteros, a las bahías o a tiraderos no debidamente controla-

---

[2] Cap. 18 del informe bienal citado en la nota anterior.

dos de donde los desechos líquidos se filtran al subsuelo y a los mantos freáticos.

v) El diagnóstico completo de la problemática ambiental de México, sobre todo en un posible contexto de desarrollo sustentable como objetivo a mediano y largo plazos, no se ha hecho todavía. Entre los diversos campos en que se ha aumentado el conocimiento figuran desde luego algunas áreas naturales protegidas, así como otras que no lo están debidamente y en donde es evidente el deterioro forestal y de los suelos, así como la condición de las cuencas hídricas, lagunas y esteros. Se ha avanzado en el conocimiento y la protección de la biodiversidad. Pero en el campo de los desechos industriales y municipales, problema que se agrava cada año en grandes proporciones, se carece de información sistemática y suficiente.

vi) Los diagnósticos integrados dados a conocer en marzo de 1996[3] abarcan el área natural, incluida la biodiversidad, los recursos marinos y los ecosistemas costeros, el desarrollo urbano y el crecimiento industrial y sus efectos. Sin embargo, se carece todavía de un diagnóstico completo y preciso.

vii) La contaminación atmosférica de la zona metropolitana de la ciudad de México, aunque no tanto sus causas profundas, es objeto de importantes programas, en gran medida financiados con fondos del Banco Mundial y de Japón. Pero no están a la vista soluciones integradas que protejan lo que se percibe como una grave amenaza a la salud de los habitantes de la zona. Recientemente se anunció un nuevo programa sobre la calidad del aire en el valle de México, el cual no encara suficientemente las dimensiones a largo plazo ni algunas de las causas fundamentales.[4] Varias otras ciudades han entrado ya en etapa de deterioro atmosférico, sin que se cuente con programas para remediarlo.

viii) Por último, el problema de los desechos municipales no industriales, es decir, el de la basura generada por los ho-

---

[3] *Programa de Medio Ambiente 1995-2000*, op. cit.
[4] *Programa para mejorar la calidad del aire en el Valle de México 1995-2000*, Departamento del Distrito Federal-Gobierno del Estado de México-Secretaría de Medio Ambiente, Recursos Naturales y Pesca-Secretaría de Salud, México, marzo de 1996.

gares, no se ha abordado tampoco integralmente en términos de programas de separación y ordenamiento de desechos para su reaprovechamiento y reciclaje cuando éste proceda. No existe un programa nacional para impulsar el control y procesamiento adecuados de la basura municipal.

En el conjunto de las políticas económicas y ambientales, tomadas como una interrelación necesaria, no existe en México aún un mínimo de coordinación que pudiera empezar, por ejemplo, con el tema energético. Tampoco se han hecho esfuerzos suficientes para obtener mayor eficiencia en la producción, distribución y consumo de los energéticos que aseguren economías importantes a mediano plazo. Los dos grandes sectores productores de energéticos, el petrolero y el eléctrico, no han emprendido, en la parte de la electricidad que se refiere al empleo de combustibles, programas ambientales de largo plazo para economizar recursos y a la vez proteger el ambiente. El empleo de carbón como combustible para generar electricidad empuja más bien a México a la categoría de la India y China como países contaminadores de la atmósfera.[5]

Será necesario hacer más eficientes las políticas ambientales mexicanas y articularlas cada vez más con la estrategia de desarrollo económico. El TLCAN, en tanto es un estímulo a la inversión para generar exportaciones, obliga, conforme al Convenio de Cooperación Ambiental anexo, a mejorar las medidas conducentes a una mayor limpieza ambiental. Pero se carece aún de suficiente voluntad política para llevar adelante en México un conjunto de medidas ambientales efectivas y eficaces, así como los recursos humanos y financieros. Las inversiones en control ambiental, para reciclar y economizar agua, para cambiar hacia combustibles menos contaminantes, no son una carga de costos reales para la industria, sino que, como en otros países, constituyen una inversión con rendimiento económico positivo.

El Programa de Medio Ambiente para el periodo 1995-2000 ofrece algunas orientaciones, incluso sobre la posible aplicación de instrumentos económicos recomendados en la *Agenda 21* de la Conferencia de las Naciones Unidas sobre Medio Am-

---

[5] Véase el cap. II, apartado 2.2.2, de este estudio, sobre la relación de la energía con el desarrollo sustentable.

biente y Desarrollo de 1992. Sin embargo, no se han traducido aún en modificaciones a la Ley General de Equilibrio Ecológico y Protección al Ambiente todavía vigente, ni en consenso a nivel del gobierno federal. Se prevé también una mayor descentralización de funciones a los estados y municipios, pero éstos carecen de suficiente capacidad técnica. En realidad, no se han articulado aún los muchos elementos que compondrían una política ambiental coordinada, sobre todo en materia de eliminación y reducción de emisiones de desechos industriales peligrosos, de problemas de contaminación atmosférica y de graves aspectos de la contaminación de aguas superficiales y freáticas.

4.3. Conservación de los recursos naturales

Mención especial merecen importantes aspectos de la situación y perspectiva de la conservación de los recursos naturales en México. Los problemas, complejos y muy diversos, están sujetos a presiones tanto internas como externas no siempre favorables, que abarcan desde las condiciones en que se desenvuelve la agricultura y sus efectos destructivos de la naturaleza hasta la repercusiones con frecuencia negativas de las corrientes migratorias, así como la ausencia de políticas conservacionistas adecuadas. La protección del ambiente no ha sido considerada en el sentido amplio del uso de los recursos ni constituye aún una prioridad nacional. Por otro lado, hay gran desconocimiento de la riqueza biológica del país, aun cuando la Comisión Nacional sobre Biodiversidad trabaja en la conclusión de un primer inventario.

Uno de los aspectos nuevos que se destaca es el efecto de la creciente infraestructura física y de las explotaciones de minerales, incluido el petróleo, sobre las áreas naturales y el paisaje; otro es la acelerada destrucción de bosques tropicales, y uno más el creciente número de especies amenazadas o en peligro de extinción, al que contribuye la muy limitada aplicación de la legislación ambiental y de caza en vigor.

Por otro lado, están en etapa preliminar de desarrollo numerosos programas y proyectos, en lo principal surgidos del sector privado, con apoyo internacional y en fecha reciente con ayuda complementaria del gobierno federal, tendientes a fomentar la investigación de situaciones críticas y la gestión de proyectos específicos de protección con participación de las comunidades locales.

4.4. Requisitos económicos del desarrollo sustentable

El desarrollo sustentable no se obtendrá solamente a base de medios económicos, ya que involucra además aspectos políticos, sociales, educativos y culturales.[6] No obstante, en el terreno económico priva un principio de validez universal, el de la asignación óptima de los recursos reales. Esta asignación, que no debe ser estática, sino intertemporal, se logra mediante las decisiones sobre el gasto de inversión —tanto del sector público como del privado— y con más inercia, pero sin ser por ello de escasa importancia, por medio del gasto de consumo privado. En este último caso, por ejemplo, la cultura de la austeridad o la moderación que priva en los países de Asia da lugar a que el consumo no se desborde, como en las sociedades occidentales, y a que existan coeficientes de ahorro personal más elevados. No puede olvidarse, sin embargo, el hecho de que en muchos países en desarrollo existe una proporción mayoritaria de población pobre cuyo ingreso no alcanza siquiera a satisfacer las necesidades básicas, y por tanto en ella el ahorro familiar es nulo. Es decir, hasta cierto punto la asignación familiar del gasto deja su sello en la clase de economía y sociedad que se desea para el futuro, porque puede liberar recursos destinables a fines sociales de alta prioridad, como por ejemplo la política ambiental o la construcción de escuelas u hospitales.

Del mismo modo, la inversión productiva del Estado puede destinarse a diversos fines —desde la asignación para fines militares hasta el suministro de infraestructura o el gasto en programas de capacitación—. Existe una amplia gama de posibilidades, pero la práctica política por desgracia conduce con frecuencia a prioridades no productivas o lleva al déficit

---

[6] Véanse los caps. II, III y V a VII de este estudio.

excesivo, sólo financiable mediante inflación, que "confisca" recursos de las personas de ingresos fijos o bajos —el llamado impuesto inflacionario—.

El sector privado puede invertir su propio ahorro o el de los demás en creación de capital productivo de diferentes propósitos sociales, ya sea por indicaciones prospectivas del mercado, cuando las haya, por intuiciones de los "magnates" o por caprichos de empresarios especuladores o incluso irresponsables. Algunas inversiones contribuyen al desarrollo económico, otras al social y unas más pueden ayudar a la protección del medio ambiente. En un sistema abierto no hay nada seguro, aun cuando la creciente abundancia de información permita racionalizar un tanto las decisiones. El desarrollo sustentable, tal como se ha concebido, supone que las sociedades, mediante sistemas políticos cada vez más democráticos, son capaces de economizar sus recursos escasos, racionalizar sus decisiones sobre la asignación de recursos reales y armonizar sus intereses nacionales con los globales.

En una perspectiva de este género, es evidente que el camino que debe recorrer un país como México es necesariamente largo. Se requiere sin demora un periodo de concientización sobre lo que es y lo que no es el desarrollo sustentable, así como incrementar la capacidad científica y tecnológica. Será indispensable acrecentar la capacidad empresarial en lo técnico, lo financiero y con respecto a la gestión misma de la empresa. El volumen y el uso de la información tendrán que generalizarse y ser accesibles; el sector público deberá ser eficiente y sensible a las demandas de la sociedad civil, y el sistema político habrá de ser más abierto y deberá adquirir verdadero compromiso con los procesos democráticos. Los mecanismos redistributivos y otros destinados a crear las redes básicas de protección social tendrán que ser transparentes y eficaces.

La sola estrategia económica no bastaría para llegar a una situación de desarrollo sustentable, o cercana a ella, pero tampoco puede prescindirse de una estrategia económica eficaz y sistémica que tenga en cuenta además todas las variables que no son rigurosamente económicas.

[7] Véase el cap. II.

LA ESTRATEGIA ECONÓMICA

Toda transformación, más aún una tan trascendente como la que entraña el proceso necesario para alcanzar la meta del desarrollo sustentable y equitativo, requiere de mecanismos institucionales, tanto a niveles internacionales[7] como nacionales. En México, la institucionalidad generada desde el periodo posrevolucionario inmediato, en los años veinte, tuvo un evidente valor político y aun económico. En años posteriores se avanzó en varias esferas del ámbito social, por ejemplo creando instituciones de seguridad social, nuevas universidades, institutos de investigación y organizaciones no gubernamentales. Pero las instituciones mexicanas, como las de cualquier otro país, si bien han aportado solidez y permanencia al desarrollo, en muchos casos muestran ya claros rasgos de obsolescencia y rigidez burocrática.

Algunos de los principales aspectos que deben destacarse en cuanto a la fortaleza y debilidad de las instituciones económicas pueden sintetizarse como sigue:

i) Aunque el Estado mexicano ha experimentado un proceso intenso de reforma, algunas de sus áreas aún deben modificarse para hacerlo más eficiente y funcional en términos del objetivo propuesto.

ii) El centralismo representa todavía una tradición, una cultura y una forma de operación que impide un desarrollo regional equilibrado y debilita las acciones intrarregionales como las que serían convenientes en materias como política ambiental, educación superior, servicios de salud y muchas otras. El llamado federalismo o descentralización, a su vez, no debiera querer decir que cada estado federativo sea una entidad intocable y desconectada de lo que ocurre en los estados vecinos —una "república autónoma"—.

iii) La política económica tiene ante sí el reto de conciliar los imperativos de la inserción en la economía mundial, inevitablemente a diferentes ritmos en las distintas regiones que intervienen en la globalización, con la urgencia de atender y resolver las ingentes necesidades sociales, entre ellas asegurar el empleo, reducir las desigualdades y construir una red básica de protección social.

iv) En México, para cada nuevo problema se propone una nueva legislación, a veces previas modificaciones constitucionales, sin siquiera haber sometido la vigente a una evaluación concienzuda por lo que hace a su aplicación. Peor todavía, la bondad de las leyes —por ejemplo, la Ley General del Equilibrio Ecológico y Protección al Ambiente de 1988— no va siempre seguida o acompañada de reglamentaciones y otras disposiciones que faciliten su aplicación en lugar de complicarla, y que a su vez eviten poner más obstáculos al establecimiento y financiamiento de empresas.

v) Los mecanismos de mercado en una sociedad moderna son un arreglo institucional; no se puede vivir con la ley de la selva económica, el capitalismo salvaje. Es evidente que el funcionamiento de los mercados, o "del mercado", que es una abstracción muy socorrida, adolece de graves deficiencias en México como en cualquier otro país en desarrollo. Existen sectores económicos y financieros de clara tendencia monopólica arraigada en viejas costumbres, en instancias de simple poder político o poderío empresarial o aun creada por la legislación y los programas gubernamentales. México se ha caracterizado siempre por una estructura comercial en la que interviene un número excesivo de intermediarios, con el encarecimiento consiguiente de los bienes y servicios que llegan al consumidor. Los intermediarios pequeños son a su vez expoliados por los más fuertes, por el sistema bancario y financiero o por el poder público. Todo ello contribuye a que el crecimiento económico y los beneficios de la productividad, la tecnología y la información no se distribuyan equitativamente.

vi) Las organizaciones empresariales mexicanas no han escapado a la lógica corporativista y autoritaria que ha caracterizado al sistema político mexicano, y han carecido de visión del futuro, constreñido las más de las veces al horizonte del periodo sexenal.

vii) El sindicalismo es una de las instituciones que muestran mayores disfuncionalidades respecto a una nueva estrategia de desarrollo. Los aspectos más urgentes que requieren reforma son los siguientes: necesidad de sindicatos autónomos, democráticos, responsables financieramente ante sus miembros, con dirigentes nuevos y renovados, con actitud independiente frente a las posiciones empresariales y frente al Estado, más partícipes a la vez en las decisiones a nivel de empresa, con objeto de robustecer las bases de competitividad, tanto externa como interna, y de eficiencia. La tecnología deberá operar, en un proceso dinámico, a favor de la consolidación del empleo, no en su contra.

viii) La sociedad civil y los ciudadanos en lo particular no cuentan en México con suficiente número de organizaciones que defiendan y representen sus intereses como consumidores y como cuerpo social preocupado por el respeto al medio ambiente y el mejoramiento de la calidad de vida integral.

4.5. El papel del Estado en el desarrollo sustentable

Dentro del marco institucional, el papel del Estado no es el de abstenerse de toda intervención o regulación. La política ambiental, por ejemplo, se basa en normatividad y administración de sanciones, en información y reglamentación. Podría extenderse —y hay pruebas en la OCDE y en otras instancias de que se va en esa dirección, como lo avala además la *Agenda 21* aprobada y recomendada por la Conferencia de Rio de Janeiro de 1992— al establecimiento de políticas de incentivación económica, fiscal y financiera para inducir en las empresas y los hogares actitudes y conductas proambientales y aun sistemas de autorregulación. El Estado deberá asumir por sobre todo políticas generales para asegurar el desarrollo sustentable, así como para evitar desviaciones excesivas o peligrosas de las estrategias que con frecuencia se adoptan para acelerar el desarrollo. En particular, se requiere una política económica que eleve los niveles de vida e impulse conservación y la valorización del capital ecológico.

El crecimiento económico no puede darse en un clima de incertidumbre ya que depende de la inversión, en gran parte del sector privado, que quiera asumir riesgos y prepararse adecuada y racionalmente para el futuro. En México, es indispensable reducir las distorsiones generadas por la inflación y los déficit fiscales, y en particular evitar los excesos en un sentido o el otro, que sólo provocan respuestas o réplicas también excesivas. Si se dominan los excesos inflacionarios, por una parte, y los excesos de desequilibrio fiscal, positivo o negativo, por otra, el valor externo de la moneda será más manejable, como un precio relativo más y no como un símbolo frecuentemente falso de estabilidad. Una expansión eficiente del PIB requiere de condiciones macroeconómicas estables y congruentes que permitan a los agentes productivos, al consumidor, al que tenga capacidad de ahorro y al que esté poseído de espíritu empresarial responder a las señales del mercado. En materia ambiental, los precios de los insumos como el agua, la energía y otros recursos naturales deben reflejar su verdadero costo real, el que tenga en cuenta las consecuencias de su agotamiento o, en su caso, de su mantenimiento y reposición.

Ningún país puede emprender y mucho menos alcanzar una industrialización en que se puedan generar ventajas en todos los sectores. En unos casos existe la necesidad de establecer escalas de producción suficientemente grandes, las cuales no todos los países pueden crear. En otros, la tecnología moderna y la organización empresarial de punta permiten operar con procesos productivos discrecionales a escalas pequeñas y plenamente eficaces; por ejemplo, en procedimientos de maquila, sea internacional o interna. En determinadas ramas, la vinculación intrasectorial entre empresas o unidades de producción adquiere gran importancia, sea por medio de mecanismos de subcontratación o en mercado abierto. Por razones de base de recursos, de localización geográfica o de integración regional o subregional pueden justificarse apoyos para crear complejos y parques industriales, centros de alta tecnología, etcétera.

Lo anterior quiere decir que un componente principal de toda estrategia de desarrollo es una política industrial que incluso lleve a determinar, por medio de los consensos necesarios, que una región o una zona debieran especializarse en algún género de productos. Sería difícil que el simple funcionamiento de los mecanismos de mercado llevara a las decisiones correctas, entre otros motivos porque una política industrial debe cumplir otros requisitos más, como establecer una infraestructura eficiente, ayudar a formar recursos humanos de alto nivel, así como capacitar a los de niveles intermedios. Una política industrial puede requerir incentivos fiscales y otros, inclusive a favor de determinadas regiones o para evitar concentraciones excesivas en lugares en que existe amenaza de colapso ambiental. Un país en desarrollo en etapa de aceleración de la industrialización, sobre todo uno que cargue con el lastre de un crecimiento muy rápido de una fuerza de trabajo poco educada y capacitada, no puede dejar de implantar políticas generales de fomento al proceso industrializador. Ésta ha sido la experiencia de los países en desarrollo que han acusado índices de industrialización rápida y sólida, entre los cuales México no se cuenta aún.

Las políticas económicas, como ya se ha afirmado, deben ir acompañadas de políticas sociales y ambientales. Entre las primeras[8] sobresalen las destinadas a reducir la desigualdad y garantizar un nivel de vida básico, lo cual además fortalece el mercado interno. Asimismo, por razones que también se han apuntado, será indispensable una política demográfica que, en el marco de los derechos individuales previstos en la Constitución, permita reducir en forma progresiva la tasa de crecimiento de la población, aun más allá del año 2020, a fin de llegar, en meta lejana, a una estabilización del número de habitantes.

4.6. México y la globalización económica

Insertada ya la economía mexicana en los procesos de globalización, principalmente por medio de su relación comercial y financiera con los Estados Unidos, enmarcada adicionalmente en el TLCAN, importa tener en cuenta que en ningún momento podrán disociarse las estrategias del desarrollo de México de las que se persigan en otras latitudes. Debido a la proximidad de la economía mexicana a las de Canadá y los Estados Unidos, ambas más fuertes en todos los órdenes, es evidente que las oportunidades que se podrían presentar a México para consolidar su inserción serían cada día más grandes y precisas.

Para que esas oportunidades puedan aprovecharse adecuadamente en beneficio de la estrategia mexicana de desarrollo sustentable habrá que cumplir dos condiciones: *a)* establecer

---

[8] Véase el cap. V de este estudio.

las necesarias interacciones de mercados, de procesos tecnológicos y de información, de instrumentos de capacitación y educación que, a la vez que eviten duplicaciones innecesarias, permitan robustecer las instituciones y las capacidades nacionales; y *b)* que la organización empresarial mexicana alcance la madurez necesaria para ampliar sus horizontes más allá de lo local, hacia el exterior, con espíritu de participación activa y no pasiva.

Sería un grave error pensar en el TLCAN —por más importante que sea— como la solución a los problemas comerciales y financieros de México sin más referencia al resto del mundo. En la globalización tienen valor todos los cuadrantes del compás. Es más, los Estados Unidos y Canadá son naciones que comercian con todo el mundo, y sus inversionistas desarrollan proyectos en todas las regiones; su horizonte es verdaderamente global. El TLCAN puede incluso fortalecer la capacidad de México para interactuar con otras regiones, al menos selectivamente, con mayor intensidad que hoy en día. El TLCAN no debe verse como una fortaleza defensiva, sino como un instrumento de superación. Para ello, sin embargo, se requiere un esfuerzo nacional sin precedente, tanto del sector público como de la sociedad civil, del sector empresarial como del sector obrero. Al sector empresarial corresponde una responsabilidad muy sustancial, con visión de largo plazo.

No debe excluirse de la perspectiva, por otra parte, que la globalización a la que adhieren otros países al mismo tiempo, y en la que participa una variedad de actores de distinto poderío económico relativo, puede tener repercusiones insospechadas en la economía mexicana. Esto se refiere tanto al campo de las políticas monetarias y financieras como al de las ambientales y sociales, las energéticas o cualquier otra. Por ejemplo, durante años México se cobijó bajo el manto de la OPEP pero sin adquirir compromisos; pudo proteger el precio de su petróleo crudo de exportación a su favor, como la OPEP lo hizo para sus países miembros y en especial para los grandes productores y abastecedores del mercado internacional. No es seguro que, en una perspectiva de transformación de los mercados del petróleo, México pueda ocupar un lugar de privilegio sin compromisos, como ha ocurrido hasta ahora.

Está en juego también la participación de México en los organismos económicos internacionales, empezando por la OCDE, que establece compromisos de convergencia, e incluyendo el Fondo Monetario Internacional y el Grupo del Banco Mundial, cuyas políticas pueden no ser armonizables con las mexicanas o que, en su caso, podrían ir más allá o avanzar a mayor velocidad que éstas. Puesta la mirada no sólo en el TLCAN, sino en otros horizontes de posible provecho, México deberá diseñar políticas económicas de largo plazo con otros agrupamientos regionales o subregionales, entre ellos la Unión Europea, los Consejos de Cooperación del Pacífico y las zonas de libre comercio del resto de América Latina y el Caribe. Asimismo, México necesitará compatibilizar los compromisos del TLCAN con los de la OMC. La globalización actuará en doble sentido, aun en asuntos migratorios, y no será posible asumir actitudes de aislamiento.

Por encima de todo, en visión de largo plazo, México deberá encaminar sus esfuerzos tanto al desarrollo sustentable y equitativo dentro de su propio territorio como a la cooperación internacional, global, en la misma materia y con los mismos objetivos.

V. LA PROBLEMÁTICA SOCIAL*

INTRODUCCIÓN

Como se observó en la Primera Parte, la situación social en la mayoría de los países, y en consecuencia a nivel global, presenta innumerables signos de deterioro, con excepción de unas pocas naciones, como las nórdicas, en que existe una larga tradición de políticas igualitarias de orden social destinadas a compensar efectos marcadamente concentradores de la riqueza originados en el crecimiento económico.

En los países en vía de desarrollo, los incrementos demográficos tan acentuados de los últimos 40 años y la incapacidad de sus economías de organizarse para satisfacer las necesidades básicas de la población —con frecuencia por la influencia negativa de factores externos— han contribuido a la tendencia al deterioro social. Muchas de estas economías, sobre todo en África, han estado imposibilitadas de crear un excedente convertible en nueva capitalización, o cuando lo han tenido lo han desperdiciado. En casi todos los países en desarrollo se carece de las "redes de seguridad" que son parte del sistema político-social de los industrializados. Aun países que en épocas pasadas habían logrado importantes avances en política social y protegido a los grupos de bajos ingresos y mejorado sus condiciones generales, pertenecen ahora al grupo de las naciones con abundante población señaladas por la mayor desigualdad y la agudización de diversos problemas sociales básicos. Esta situación lleva a la conclusión de que no se ha alcanzado aún una calidad de vida aceptable para el conjunto de la población, sino solamente para un segmento que abarca un tercio de las familias, con grandes contrastes y diferencias con el resto. Tal es el caso de México, que se expone a continuación.

* Capítulo basado en parte en materiales reunidos por un grupo de trabajo cuya integración se indica en el Anexo 2.

5.1. La desigualdad y la marginación en México como problema social preeminente

En México, la desigualdad es un hecho que no sólo ha sido medido estadísticamente desde 1950 con constante avance en la calidad de los índices, sino que se expresa en otras múltiples manifestaciones; por ejemplo, la falta de acceso efectivo y permanente a la educación y a los servicios de salud, la pobreza rural, la marginación de las comunidades indígenas, los asentamientos urbanos precarios y carentes de servicios, la todavía considerable desigualdad de *status* que caracteriza a la mujer, el tamaño oneroso de la familia de bajos ingresos y, como fenómeno especialmente característico, al menos en América Latina, la intensa emigración de fuerza de trabajo al exterior.

La Revolución mexicana fue una respuesta en gran parte a demandas sociales, que lograron su expresión en varios artículos de la Constitución de 1917 y caracterizaron incluso la política económica al asociar el desarrollo de la economía con la obtención de determinadas metas sociales. Algunas de éstas —por ejemplo, la tenencia de la tierra a favor de campesinos (ejidatarios) y pequeños propietarios, así como el primer acceso a la educación y la organización laboral— se lograron a lo largo de los primeros dos decenios posteriores a la proclamación de la Constitución. Otras metas se fueron alcanzando en etapas posteriores, por ejemplo, la seguridad social y los servicios de salud. Sin embargo, ninguno de los programas llegó a beneficiar a toda la población que se tenía como objetivo, situación que prevalece aún.

Durante ciertos periodos de elevado crecimiento económico —por ejemplo, a fines de los años treinta, durante la primera mitad de los cuarenta, entre 1950 y 1970 y nuevamente entre 1977 y 1981—, se incorporó el incremento de la fuerza de trabajo a empleos mejor remunerados en términos reales, en gran parte por ampliación de la base industrial y de la infraestructura, así como por la expansión de la producción agropecuaria. Se redujo el desempleo, se evitó una gran masa visible de subempleo —que en buena medida había existido siempre en el campo y, cada vez más, en la marginación urbana— y se ampliaron determinados servicios sociales. La estrategia económica, sin embargo, entró en crisis por el agotamiento de las posibilidades de sustitución eficiente de importaciones, con apoyo en muy elevados niveles de proteccionismo, y por los efectos de inhibición en la inversión nacional derivados de las fluctuaciones del sector externo —por ejemplo, las caídas de precios de productos básicos de exportación, sobre todo el fin del gran auge petrolero de los años 1977-1981— y de la inseguridad ocasionada por el sistema político autoritario.

El no haber desarrollado una capacidad exportadora de manufacturas antes de 1984-1985 debilitó, ante el descenso de la exportación petrolera y las elevadas obligaciones de servicio de la deuda externa, la perspectiva de crecimiento futuro del país. Los grandes cambios de orientación estratégica del desarrollo instaurados a partir de 1985 con la apertura comercial y los incentivos a la exportación de manufacturas llegaron tarde. Desde ese periodo, México no ha podido reducir el desempleo ni ha logrado hacer frente a las tendencias subyacentes de una mayor desigualdad de los ingresos y en consecuencia entre los estratos sociales. A ello contribuyó, al mismo tiempo, el que la política de población destinada a limitar y reducir la elevada tasa de fecundidad prevaleciente también haya llegado tarde; aunque la planificación familiar avanzó con considerable rapidez, la mano de obra del futuro había ya nacido y presionaba de manera incesante y creciente sobre los mercados de trabajo. Al no ampliarse éstos a partir de la segunda mitad de los años ochenta, el resultado fue un desempleo y subempleo masivos y una migración elevada a los Estados Unidos (no obstante el empleo creado en la zona de la frontera norte por la industria maquiladora).

La intención distributiva del Estado mexicano y del ideario revolucionario no sólo se ha quedado a medias, sino que en la práctica se ha rezagado en forma considerable ante los ajustes repetidos de la economía en los últimos años, que para contener y reducir la inflación se han caracterizado en general por la contracción de la demanda interna. Las consecuencias han sido los elevados índices de desigualdad y la enorme extensión de la pobreza y la pobreza extrema.[1] Teniendo en cuenta tanto las estadísticas mexicanas disponibles como cálculos que han hecho el Banco Mundial y la CEPAL, se encuentra que en los años ochenta la pobreza en México aumentó 69% (en contraste, por ejemplo, con Brasil, donde se elevó 45%).

Dicho de otro modo, para principios de los años noventa, la proporción de población "pobre" en México era de cerca de 60% (alrededor de 50 millones de habitantes), y la descrita como en estado de "pobreza extrema" se estimaba en unos 20 millones —cifras que para 1996 han aumentado—. En este contexto, "pobreza" no sólo quiere decir un ingreso insuficiente para acumular un pequeño acervo de bienes productivos y llevar un nivel mínimo de vida, sino que está asociada a la falta de acceso a servicios de salud, dificultad para que los hijos menores completen la educación primaria, carencia de condiciones mínimas de vivienda, falta de calificación y, en consecuencia, desventaja en la obtención de empleo mejor remunerado. Significa de hecho también desempleo sólo compensado por empleo parcial, precario o carente de protección social en el gran sector de la economía subterránea o informal. La pobreza se manifiesta lo mismo en el campo que en las grandes, medianas y pequeñas localidades urbanas. La pobreza extrema se concentra en las zonas rurales de los estados menos desarrollados

[1] Aunque puede buscarse su origen en la literatura económica inglesa del siglo XIX, los conceptos modernos de "pobreza" y "pobreza extrema" fueron adoptados y definidos en la esfera internacional apenas hace unos 20 años, sobre todo como respuesta a la idea del "Tercer Mundo" que se promovió en las Naciones Unidas. El objetivo fue hacer notar que el ingreso *per capita* no es un indicador suficiente de la desigualdad internacional si no hace referencia a la distribución del ingreso, es decir, a la desigualdad y la marginación internas. Por convención sugerida por la Organización Internacional del Trabajo (OIT), se ha definido el nivel de "pobreza" como aquel en el cual el ingreso familiar permite atender solamente a las necesidades básicas de alimentación y a los gastos mínimos de aseo, vestido, transporte y atención del hogar. La "pobreza extrema" caracteriza a las familias cuyo ingreso es insuficiente aun para asegurar la nutrición mínima necesaria, es decir, representa un nivel de indigencia. Véase Santiago Levy, "La pobreza en México", cap. 1, en Félix Vélez (comp.), *La pobreza en México: causas y políticas para combatirla*, México, Instituto Tecnológico Autónomo de México y El Trimestre Económico, Fondo de Cultura Económica, Serie Lecturas, núm. 78, 1994, pp. 18-20.

y en las comunidades indígenas. Muchas veces la estadística registra "empleo" cuando éste es de una calidad ínfima a la que acompañan ingresos también ínfimos, sin protección social. Esto explica, entre otras cosas, que el indicador oficial del desempleo, que hoy día raya en 7% de la población económicamente activa, subestime en una mitad el coeficiente real de desempleo, concebido como el "no empleo" o la falta completa de empleo o de uno que garantice un ingreso familiar mínimo.

La desigualdad social, asociada a todos los factores negativos que la determinan en México y a la ausencia de empleo regular originada en el relativo estancamiento de la inversión nacional y de crecimiento del PIB, frente a una fuerza de trabajo que crece todavía 3.3% anual, constituye un problema de muy difícil solución a corto y mediano plazos y que tiene obvias repercusiones en el área política, así como en la esfera cultural y aun la económica. La falta de un mercado interno robusto como complemento necesario del mercado externo y de la modernización industrial constituye en México, como en otros países de estructura similar, un gran obstáculo al crecimiento y el desarrollo.

Debe añadirse que si se entiende el desarrollo sustentable y equitativo como un proceso que lleve, con la debida política ambiental y de protección de los recursos naturales, a un mejoramiento continuo de la calidad de vida —para, además, asegurar ésta a las generaciones venideras—, el vuelco que tendría que dar la estrategia de desarrollo de México habrá de ser de gran magnitud. La interacción de las políticas económicas con las sociales tendría que darse en un contexto de crecimiento, no de estancamiento del PIB, y de un componente del gasto nacional más dinámico, que en todo el mundo es la inversión neta, tanto pública como privada.

5.2. La perspectiva demográfica de México

La política demográfica mexicana se definió en 1973 por medio de la nueva Ley General de Población de manera que incluyera la responsabilidad del Estado de proveer servicios de planificación familiar, con base en un nuevo derecho constitucional, añadido al artículo 4°, el cual establece que *todo individuo* podrá decidir libremente y con la información necesaria el número y espaciamiento de sus hijos. No obstante reducirse en los años subsiguientes con considerable rapidez la tasa media de fecundidad, la llamada inercia demográfica mantuvo por casi una generación una tasa de incremento de la fuerza de trabajo superior a la tasa general de incremento de la población. Es decir, en cualquier momento en que la fecundidad haya empezado a descender, la fuerza de trabajo futura habrá ya nacido y tendrá mayor probabilidad, por el descenso general de la mortalidad, de llegar en crecientes o constantes números a tocar las puertas del mercado de trabajo futuro. La fecundidad en México antes de 1973 era tan elevada —de 6.4 hijos nacidos vivos por mujer en edad de reproducción al término de su vida—, que el *efecto inercial* ha sido sumamente marcado, tanto, que en la actualidad, 23 años después, cuando el crecimiento demográfico se calcula en alrededor de 2% anual, la fuerza de trabajo sigue creciendo 3.3% cada año, o sea, en números absolutos, en alrededor de 900 000 personas.

Se ha producido una controversia en los últimos años acerca de cuál es la cifra base de la población de México. Oficialmente se reportó que el Censo de Población de 1990, efectuado en marzo pero proyectado al mes de julio para fines de comparación con censos anteriores, arrojó un total de 81.8 millones de habitantes. Aunque el censo de 1980 probablemente pecaba de exceso, hay muestras de que el resultado oficial del de 1990 subestimó la población en unos cuatro a cinco millones de personas, de las que dos millones son los infantes no registrados en la enumeración, omisión censal que aqueja a gran número de países y que es fácil corregir en las estimaciones definitivas. Así, los 85 millones del año 1990 se traducirían a mediados de 1995 en alrededor de 94 millones. La fuerza de trabajo correspondiente (PEA), que tradicionalmente ha sido en México una proporción más baja que en otros países en desarrollo debido a la composición por edades, que muestra entre 44 y 46% en el grupo de menos de 15 años, se puede estimar en no más de 30 millones. El hecho de que la proporción de mujeres en la fuerza de trabajo haya aumentado no afecta mayormente este cálculo, con el resultado real de que la fuerza de trabajo se incrementa casi 3.3% anualmente.

En consecuencia, desde el punto de vista demográfico y social, el problema consiste en que la economía crezca lo suficiente para absorber un empleo productivo cada año, durante los próximos 10 a 15 años, de 800 000 a 900 000 personas en edad de trabajar y dispuestas a hacerlo —eso sin contar a los ya desempleados, que en la actualidad podrían llegar a estimarse en alrededor de cuatro a cinco millones, que carecen de red de seguridad y de hecho no tienen ingresos en dinero o éstos son precarios, inferiores en promedio al salario mínimo—. Añádase que, desde 1994, el valor adquisitivo del salario mínimo y de los salarios en general ha descendido cerca de 40% y que ha seguido reduciéndose en 1996.

Si bien la fecundidad[2] en 1993 había descendido ya a 3.2 (la mitad del nivel prevaleciente en 1973 —descenso que pocos países fuera de China han logrado—), este promedio se distribuye desigualmente según las distintas regiones. El descenso ha sido mucho más acentuado en los estados del norte y en el Distrito Federal que en los estados del golfo, del sureste y del sur, donde la proporción de población rural es mucho mayor y se registran índices de fecundidad de más de cuatro hijos por mujer en edad fértil. En estas últimas regiones el avance de los programas de planificación familiar resulta, por lo mismo, menos rápido y menos eficaz; existen mayores resistencias culturales, el nivel de información es más bajo y los servicios están menos extendidos.

Aun sin suponer una fuerte emigración neta, las proyecciones de la población de México indican no menos de 106 millones de habitantes para el año 2000, alrededor de 118 en el 2010 y unos 138 millones en el 2020. Dentro de estos totales, el grupo de edades de 15 a 64 años pasará de unos 50 millones en 1990 a cerca de 90 millones el año 2020.[3] Este grupo

---

[2] Se describe la fecundidad total como el número total de hijos por mujer en edad fértil si éstas hubieran llegado a la edad límite de su fertilidad. No debe confundirse con la tasa de natalidad, que es el número de niños nacidos vivos por 1 000 habitantes.

[3] Los datos de este párrafo y los anteriores sobre la población actual y la proyectada provienen de Francisco Alba, "Población, economía y sociedad:

de edad será el que tenga la más elevada tasa de expansión, lo que quiere decir que el problema socioeconómico-demográfico mas importante de México en los próximos 25 años será el de la falta de empleo, con su consecuencia en la desigualdad. Es poco probable que se alcance una tasa media de incremento del PIB suficiente para reducir de manera sustancial el desempleo abierto y el subempleo. Podrían, sin embargo, diseñarse políticas de empleo, así como políticas económicas, industriales, de capacitación y educativas que tiendan a minimizar los niveles de desempleo para las próximas generaciones de entrantes al mercado de trabajo. Pasado el umbral del año 2020, las adiciones demográficas al contingente de la fuerza de trabajo tenderán a reducirse, ya que a partir del año 2010 podrá esperarse que el crecimiento poblacional total se reduzca a 1.2% anual, con adiciones gradualmente menores de población de menos de 15 años de edad si se reduce la fecundidad al nivel de remplazo (2.09).

De lo expuesto puede deducirse también que por una diversidad de razones además de las relativas a la tasa de incremento de la población total y en especial de la fuerza de trabajo, pero también por motivos de salud de la mujer-madre y de los miembros de las familias de menores ingresos, y por otras consideraciones respecto a la capacidad de atender a las demandas sociales, la política de población, con apoyo en la planificación familiar, debiera ser ampliada. La planificación familiar deberá ser entendida en su sentido amplio, que abarca, además de la información y los servicios, el cambio de actitud familiar hacia el tamaño de la familia, las oportunidades de educación y de mejoramiento del *status* de la mujer y otros factores. La cobertura actual (que es ya considerable) debiera ser ampliada y aplicada con más eficacia. Sin embargo, en materia demográfica no se logran cambios espectaculares en las cifras y las tasas. Semejante política podría acercar la fecha en

¿conflicto o convergencia en el futuro de México?", ponencia presentada al Primer Congreso Mexicano sobre Prospectiva "Los futuros de México y el mundo", Centro de Estudios Prospectivos, A. C., Fundación Javier Barros Sierra, A. C., México, 26-27 de septiembre de 1994. A las cifras básicas se ha hecho un ajuste por subenumeración, según explicó en párrafo anterior. Las proyecciones demográficas no suelen hacer supuesto explícito sobre la emigración neta.

que se alcance la tasa de remplazo y de la disminución de la tasa de incremento de la fuerza de trabajo, pero no alteraría los órdenes de magnitud de los próximos 25 años.

5.3. La migración al exterior

Está implícito en las consideraciones anteriores que la tendencia de una parte de la fuerza de trabajo mexicana (y de sus familias) a emigrar —principalmente a los Estados Unidos— en forma permanente, legal o ilegal, o de manera temporal y recurrente, será difícil de revertir por mucho tiempo, aun cuando las proyecciones demográficas no la tengan en cuenta. La migración al exterior tiene origen, en parte, en factores demográficos que han estado presentes desde hace unos 30 años. Se refuerza, además, con la demanda de trabajo no calificado que prevalece en ciertas regiones y sectores económicos y tareas específicas de labor de los Estados Unidos, en que el trabajador mexicano sustituye con eficiencia, pero con menor salario o ingreso, al trabajador en ese país.

En las épocas normales del ajuste macroeconómico del actual decenio, las diferencias salariales con los Estados Unidos han sido del orden de seis a ocho veces, según el grado de calificación del trabajador; en la actualidad, tras la depreciación del peso mexicano, pueden llegar a 10 o más veces. El atractivo del mercado de trabajo norteamericano, sumado al desempleo y los factores de rechazo laboral de México, hacen inevitable la corriente migratoria al otro lado de la frontera norte (atemperada en ciertos periodos de prosperidad y demanda de trabajadores en las actividades de la industria maquiladora, como ocurre en la actualidad). Hay coincidencia en que no existen cifras precisas, ni medianamente adecuadas, de la migración neta al exterior en cualquiera de sus formas, pero se estima que en los últimos 10 años han salido del país en forma más o menos permanente en cuanto a lugar de residencia y empleo unos cuatro a cinco millones de personas, con adiciones anuales de 250 000 a 400 000. Estas cantidades representan una fracción insignificante de la fuerza de trabajo total en los Estados Unidos, que excede de 120 millones de personas; por lo demás, se prevé que el crecimiento anual de la población total residente en los Estados Unidos será de 0.6 a 0.7% anual entre 1996 y el año 2000. La emigración neta de México es a la vez una proporción igualmente insignificante de la PEA y de la población total de México: en 1996, 0.1% y 0.004%, respectivamente.

Sin embargo, su verdadera significación no está en los números absolutos y relativos, sino en los parciales —por ejemplo, las zonas mexicanas de origen, concentradas en unos siete estados, la mayoría de bajo nivel de ingreso medio— y en su concentración en determinados lugares de los Estados Unidos frente a también determinadas estructuras del mercado norteamericano de trabajo. Por ello, las inmigraciones son bastante visibles sobre todo en zonas agrícolas y urbanas de California y Texas —estados que han padecido recesiones económicas importantes—, donde contribuyen al levantamiento de las cosechas y a la provisión de servicios. Se supone que la inmigración es menos visible en, por ejemplo, Chicago o Nueva York, ciudades situadas en estados dotados de mayor capacidad de absorción y menos animadversión al inmigrante. Canadá, por su parte, ha aumentado las autorizaciones anuales para trabajadores migrantes de corto plazo solicitados para las labores agropecuarias, sin que se haya presentado ningún problema de índole laboral o política.

Como quiera que sea, la migración neta a los Estados Unidos será probablemente un elemento de discordia y aun de conflicto, por muchos años, con las autoridades locales y algunos grupos de población en los estados norteamericanos que abrigan prejuicios o han sufrido la competencia de la mano de obra mexicana. Es éste un tema que reviste además aspectos políticos nacionales e internacionales.

Son asimismo importantes las remesas de trabajadores mexicanos a sus familias en México, que han llegado a estimarse en cerca de 5 000 millones de dólares al año, o sea, un monto superior en 66% al rendimiento neto del turismo y equivalente a 60% de la exportación de petróleo y derivados.

5.4. Otros aspectos de la problemática social

Sin que sea posible en este informe abordar en todo su alcance la prospectiva social de México, cabe referirse a algunos aspectos destacados:

i) La *concentración urbana* de la población, que ha sido muy rápida en los últimos 40 años pero que se ha trasladado de las grandes ciudades, incluida la ciudad de México, a ciudades de tamaño intermedio, mantiene y mantendrá un ritmo que hace probable que siempre rebase la capacidad de las ciudades para absorberla proveyéndola de la infraestructura y los servicios necesarios, desde agua potable hasta vivienda, desde energía eléctrica hasta recolección de basura, desde transporte racional y barato hasta espacios verdes. La perspectiva urbana en México es preocupante porque casi en ninguna ciudad del país hay plan director a largo plazo, de manera que las aglomeraciones urbanas han sido y tienden a ser desordenadas, ineficientes, costosas en términos reales y caóticas. Contribuyen al agravamiento de otros fenómenos ya observados, entre ellos la inseguridad, la desintegración familiar e inclusive la falta de nutrición y salud adecuadas.

ii) Teniendo en cuenta todo lo anterior, se hace evidente que se ha presentado una grave crisis en el suministro de *servicios de seguridad social,* tanto por el agotamiento del esquema corporativista de épocas anteriores —no obstante la elevada calidad de la mayoría de sus servicios médicos— como por el desfinanciamiento de sistemas ideados para épocas de fuerza de trabajo en promedio más joven, con expectativas de vida muy inferiores a las actuales. Esto se refleja en la calidad de algunos de los servicios médicos y sobre todo en la falta de recursos suficientes para atender a las jubilaciones. A ello se añade el efecto del estancamiento del empleo formal en los últimos años, que continuará en los próximos y que afecta la disponibilidad de recursos financieros de los sistemas. A mediano y largo plazos, la seguridad social, como en casi todo el mundo, será un problema de primera magnitud por las razones anteriores y porque se traduce en descontento y en rezago en los ingresos de las cohortes que se jubilan, lo cual tiene repercusiones políticas. La necesidad de emprender reformas radicales en estos sistemas se ha empezado a prever apenas en algunos de sus aspectos.

iii) La *salud y su perspectiva,* en parte ligadas a la seguridad social, merecen también especial consideración. Desde los años veinte México había empezado a desarrollar servicios médicos y hospitalarios públicos, junto con la formación de médicos y enfermeras, sobre todo en las áreas urbanas, a la par que avanzaban los estudios epidemiológicos. Fue un modelo asistencial, centralizado, no muy estructurado, hasta que se creó el Instituto Mexicano del Seguro Social en 1943, se reorganizó la Secretaría de Salubridad y Asistencia y se establecieron numerosos hospitales de especialización que dieron mayor diversidad a los servicios y atendieron en mayor proporción a los sectores de menor nivel de ingreso. Se lograron avances importantes, verificados en el descenso a partir de entonces de los índices de mortalidad, inducido tanto por la mejor atención médica como por mayor conocimiento de la problemática, mayor cobertura, niveles de higiene superiores, más educación en general, mejor nutrición y otros factores sociales y culturales favorables, incluso la introducción de agua potable a creciente número de poblaciones urbanas.

Hacia 1940, y todavía en 1970, las enfermedades transmisibles eran la causa de la mayoría de las defunciones (65 y 52%, respectivamente). Desde entonces se ha generado una transición epidemiológica caracterizada por fuerte disminución absoluta y relativa de las defunciones atribuibles a esas enfermedades, entre ellas las prevenibles por la aplicación de vacunas. En cambio, la mortalidad por enfermedades no transmisibles —cardiovasculares, metabólicas y por tumores malignos— ha aumentado muy sensiblemente, así como la resultante de lesiones y homicidios.[4] Por otro lado, la mortalidad infantil (hasta un año de edad) y la de niños (de uno a 14 años), si bien han descendido, se mantienen todavía en niveles superiores a los de otros países. El exceso de defunciones se concentra en la población menor de cinco años, sobre todo

[4] Véase Fundación Mexicana para la Salud, A. C., *Economía y salud: Informe final. Propuestas para el avance del sistema de salud en México,* México, 1994, cap. III, cuadros III.4 a III.8.

en el área rural y en las regiones más rezagadas desde el punto de vista económico y social.[5]

Lo expuesto indica que la expansión de los sistemas de salud en México dista aún bastante de satisfacer las necesidades y de adaptarse a los cambios epidemiológicos. En el país, además, se reproducen las condiciones que afectan al mundo en general en cuanto a resistencia a los antibióticos, recrudecimiento de enfermedades infecciosas y surgimiento de nuevas enfermedades, a la vez que se incrementa la incidencia de las no transmisibles y de las defunciones por accidentes y violencia. Subsisten grandes sectores de la población que carecen de acceso a los servicios médicos y hospitalarios, en parte por distribución geográfica y en parte por penuria económica, y se detectan con claridad barreras a dicha atención. Se advierte también insatisfacción de los usuarios por la calidad de los servicios, así como traslapes y duplicaciones entre los distintos subsistemas de salud.

El mejoramiento de la salud tiene que ver con las condiciones económicas y sociales, caracterizadas por la pobreza y los bajos niveles educativos en que se encuentra 60% de la población, sobre todo en ciertas regiones, pero también con la estructura de los servicios de salud y con la estrategia que puede seguirse en el futuro. Como lo afirma la Fundación Mexicana para la Salud (Funsalud): "Para renovar la salud no basta con lograr un consenso negativo… Hay que crear un consenso positivo sobre los cambios específicos [necesarios] para una etapa superior de desarrollo".[6] Funsalud ha dado a conocer propuestas estratégicas para una reforma profunda a largo plazo, entre las que destaca la necesidad de lograr la cobertura universal para el año 2000 con apoyo en un "paquete" de servicios esenciales accesibles a toda la población. A ello habrá que organizar el sistema de salud en forma no fragmentada, "que combine lo mejor de los sectores público y privado, con formas de organización intermedias entre el gigantismo y la atomización". Habría que dar a los usuarios opciones y crear a la vez formas plurales de prestación de servicios, con distintas modalidades para las áreas urbanas y las rurales. Sería un

[5] *Ibid.*, cuadros III-13 a III-17.
[6] *Ibid.*, p. 37.

sistema con fuertes implicaciones financieras, tanto para los servicios impartidos como para los usuarios.

Éstas y otras posibles prescripciones ponen en evidencia que a largo plazo los sistemas de salud y su éxito están estrechamente vinculados a los demás aspectos de la problemática social en la perspectiva, incluida la demográfica, la familiar y de capacidad económica y la educativa.

iv) Es claro que el deterioro del medio ambiente y de la calidad de vida afecta a la *familia* como núcleo de la sociedad, ya sea en el ámbito rural o en el urbano. Por otra parte, el cambio de la estructura familiar que ha comenzado a manifestarse no sólo se refiere a la desintegración de la familia, sino también a la disolución del núcleo familiar en estructuras extensas. La estructura familiar mexicana ha dejado de ser mayoritariamente nuclear para pasar a ser extensa, con cohabitación de padres, hijos y parientes diversos; se trata de familias que aunque acumulan ingresos suelen vivir en condiciones de hacinamiento, en viviendas degradadas o precarias, y muy cerca de los niveles que caracterizan a la pobreza o abajo de ellos. Se advierte también un incremento del número de hogares "monoparentales" —el censo de 1990 registra cerca de 20%—, que dependen en gran medida de mujeres con poca capacidad económica o sin empleo, y que cuando lo consiguen suelen ganar ingresos bastante inferiores a los de los varones; además, su atención a la familia se hace cada día más difícil. El fenómeno se presenta sobre todo en las áreas urbanas.

Un problema conexo a la pobreza es el de la violencia intrafamiliar, que ha sido bien documentado en los años recientes. Sin embargo, se presentan otras causas de violencia en las calles, en los lugares donde pasan su tiempo los jóvenes, con frecuencia sin ocupación ni trabajo remunerado. La incidencia del alcoholismo y la drogadicción y otras lacras semejantes contribuye a estos factores sociales negativos, que tienden a acentuarse.

v) Cabe señalar también la relación que tiene el deterioro de las condiciones sociales con las deficiencias del sistema educativo actual, rebasado por obstáculos e inercias y necesitado de nuevas visiones y métodos.[7]

[7] Véase el cap. VI de esta obra, "El ámbito de la educación".

vi) La *población indígena* de México, sobre todo en los estados de Chiapas, Oaxaca y Guerrero, pero igualmente en otras entidades, representa un segmento que en muchos casos ha estado aislado físicamente del resto de la economía y la sociedad, que ha sido explotado por los sectores mejor comunicados con los centros comerciales y del poder y que ha sufrido abiertas discriminaciones en el trabajo, en lo social y lo político, no obstante el valor de su cultura local y sus manifestaciones culturales y artísticas. Ni la educación básica ni los servicios de salud han llegado en cantidad y calidad suficientes a las comunidades indígenas, ni se han respetado sus costumbres, sus formas de organización comunitaria, su lengua y su idiosincrasia. Para México constituye un problema moral y político de primer orden, que afecta a varios millones de habitantes que viven marginados y en condiciones de desventaja básica. El problema tiene dimensiones tanto económicas como sociales y culturales y se ha extendido al área política.

5.5. Política social

Para los fines del presente informe puede inferirse que para alcanzar el desarrollo sustentable con equidad la tarea en la esfera de la política social en México será gigantesca. El gran conjunto de experiencias del pasado, debidamente evaluadas y reformadas, hace pensar que no está fuera de las capacidades de la sociedad civil y del gobierno acometer —a diferencia de muchos otros países, aun en América Latina— políticas y programas sociales que se integren e interrelacionen con las estrategias económicas. En pocas palabras, se requiere de coberturas sociales amplias —algo que equivalga a las redes sociales de los países desarrollados—. Sin embargo, en la actualidad se parte de una base muy deteriorada por las crisis económicas, sobre todo por la profunda contracción del ingreso familiar y el empleo durante el año de 1995 y su continuación en la primera mitad de 1996. Cualquier avance en política social requerirá por necesidad de la infusión de grandes presupuestos de gasto federal y estatal, así como de recursos humanos y materiales fuertemente ampliados y mejorados en calidad y en aptitud para las tareas que se han de desarrollar.

Otro aspecto importante es el cumplimiento de derechos sociales básicos y derechos laborales en conexión con los derechos humanos. Este aspecto se vincula asimismo, en general, a la problemática de la pobreza, ya que ninguna política social debe excluir la posibilidad de prestar atención especial a los grupos de la población más desfavorecidos y a la gran masa que vive en condiciones de pobreza y aun de pobreza extrema, sobre todo en el medio rural.

En la práctica, México tendrá necesidad de conciliar y coordinar distintos aspectos de los programas sociales y las injerencias de quienes los patrocinan o llevan a cabo, sean el gobierno federal, otras instancias de gobierno o diferentes grupos privados, lo mismo internacionales que nacionales. Por otra parte, la actual tendencia a desmantelar programas de periodos anteriores sin suficiente evaluación y sin proveer servicios sustitutivos puede redundar en tendencias a la desigualdad social aún menos favorables que las registradas en los últimos decenios.

VI. EL ÁMBITO DE LA EDUCACIÓN*

INTRODUCCIÓN

La transición económica de México del proteccionismo a la apertura y a una integración mucho más amplia al mercado global, con su cauda de repercusiones en otros campos, hace suponer que los procesos de la educación necesitarán transformarse. Sin embargo, se parte de una situación en que el sistema educativo adolece de deficiencias de fondo que debieron empezar a corregirse aun antes de la globalización, si es que se acepta el papel que la educación debe tener en la formación del ciudadano y en la preparación del individuo para la vida, como oportunidad de desarrollar sus capacidades y su talento con opciones congruentes con los avances del entorno político, económico y social.

La identidad nacional sólo sobrevivirá si se logra imbuir en las mentes de los habitantes las nociones fundamentales de una historia y una cultura comunes, así como rasgos distintivos de pertenencia a una sociedad definida y, en cierta medida, diferente a otras. En términos económicos, quizá los activos más importantes de una nación sean sus ciudadanos, sus conocimientos, habilidades y destreza que marcan la calidad de su producción y su creatividad. No obstante, tanto la economía de la nación como las relaciones globales se encuentran sujetas a desafíos formidables e inéditos.

Sostener y aun fortalecer la identidad nacional, formar personas aptas para la economía del futuro y contribuir a lograr un desarrollo sustentable y equitativo serán tareas importantes de la educación y la cultura. Por supuesto, como un elemento más de los muchos factores que actúen en la sociedad presente.

Si esa tesis tiene cierta racionalidad, si los elementos que

* Informe del grupo de trabajo correspondiente, cuya integración se señala en el Anexo 2.

hoy se observan apuntan en la dirección indicada, si hay posibilidades de que ése sea el futuro, o al menos una parte de él, ¿cuáles deberían ser los propósitos fundamentales y los contenidos de una educación nacional en una economía global? Es esencial, en consecuencia, reflexionar sobre el futuro de la educación mexicana, porque cualquiera que fuere el pronóstico, la educación nacional no puede seguir en el estado en que se encuentra.[1] Sin dejar de reconocer los logros que la educación mexicana alcanzó en unas cuantas décadas, es conveniente poner el acento en las deficiencias para poder imaginar vías de superación.

6.1. El diagnóstico

Junto a los grandes avances que registró el sistema educativo mexicano en 70 años, persisten aún grandes defectos: se logró una cobertura muy importante en la educación nacional, pero subsiste un grave rezago en la educación básica, que en las zonas rurales y pobres de las ciudades es muy acentuado; se ampliaron las oportunidades de educación, aun cuando concentradas en las ciudades y en ciertos grupos sociales; el sistema educativo es más complejo que en el pasado, pero hay insatisfacción social por la notoria falta de calidad en la mayoría de los planteles y los niveles escolares; se postula que la educación es el mejor instrumento para preparar los recursos humanos que demanda el desarrollo del país, aunque el sistema educativo no reproduce valores que enaltezcan el tra-

[1] No es posible hacer aquí un diagnóstico al detalle de la educación actual, pero por el tono de las proposiciones se notará que hay coincidencia —aunque guardando muchas reservas— con quienes muestran insatisfacción por sus procesos y resultados. Un estudio reciente que repasa los males de la educación en México lo ofrece Gilberto Guevara Niebla en "El malestar educativo", en *Nexos*, núm. 170, febrero de 1992. El mismo autor compiló un conjunto de ensayos que reafirman esa posición *(La catástrofe silenciosa*, México, Fondo de Cultura Económica, 1992), en especial la segunda parte del capítulo II, "Las causas", que muestra la terrible inequidad del sistema educativo nacional. Para Guevara y sus coautores nada está bien en el sistema educativo; según esa lógica, habría que derruirlo y crear otro a partir de cero. Otro diagnóstico que presenta los avances, las insuficiencias y los retos del sistema se encontrará en Carlos Ornelas, *El sistema educativo mexicano: la transición de fin de siglo*, México, Fondo de Cultura Económica, 1995.

bajo; se supone que la misión principal de la escuela mexicana es formar ciudadanos solidarios y preparados para la vida democrática, mas la escuela reproduce en su quehacer rasgos autoritarios perceptibles; en fin, la educación siempre ha sido la esperanza de un futuro mejor, pero su presente deja mucho que desear.[2]

El sistema educativo mexicano es un cosmos complejo, desigual y diferenciado por segmentos y niveles, con propósitos a veces contradictorios y prácticas que niegan los fines explícitos de la educación; todo, producto de su historia de más de 70 años, cargada de tensiones, de logros y fracasos. El sistema presenta avances notables y rezagos bochornosos; ejemplos de excelencia en algunas áreas —como en los grandes institutos de investigación de la Universidad Nacional— y parcelas sumamente deterioradas como en la preparación del magisterio; en algunas etapas se pueden encontrar rasgos de política educativa transparentes y concretos, como la elaboración del Plan de Once Años para la educación primaria en 1959, al parejo de proyectos contradictorios y programas erráticos, como lo es la indefinición y la ambigüedad de la educación física y la artística.

En México abundan ejemplos históricos que pudieran ilustrar las antinomias entre los fines de la educación y las prácticas escolares, entre las declaraciones y promesas de los gobernantes y los resultados —o la falta de ellos— en el desarrollo de la educación. Aunque también hay muestras de congruencia entre política educativa y consecuencias positivas en el aprendizaje de los alumnos o, si se quiere, en el desarrollo del país, es mucho todavía lo que hay que hacer para lograr una educación de calidad, importante y destinada a lograr un desarrollo sustentable y equitativo para la mayoría de los mexicanos.

6.2. Las reformas educativas recientes

Entre 1989 y 1994 se puso en marcha una reforma profunda del sistema educativo nacional que sembró esperanzas y expec-

[2] Este diagnóstico es un resumen de un trabajo más amplio. Véase Carlos Ornelas, *op. cit.*

tativas. Se abordaron de frente muchos problemas y se formuló un planteamiento estratégico de largo plazo plasmado en la Ley General de Educación de 1993, que reglamenta al artículo 3º de la Constitución, a su vez reformado en 1991 y 1992. Una visión sintética de esas reformas tal vez permita señalar que el camino del cambio ya se emprendió y que se han echado los cimientos para construir la educación del futuro, pero que todavía falta mucho por hacer y profundizar.

En el mismo lapso, el gasto global en educación, expresado a precios constantes de 1978, se duplicó, de poco menos de 100 000 millones de pesos a más de 200 000. La proporción del producto interno bruto destinada a educación rebasó 6% en 1994. Se recuperó buena parte de los salarios de los docentes de todos los niveles. Se transfirió a los estados la operación de la educación básica y normal, con lo cual se puso en marcha la descentralización del sistema, que apunta a una nueva organización. Se reformaron los planes y contenidos de la educación básica, cuyos elementos centrales coinciden (aunque tenuemente) con los que se examinan más adelante: acento en el aprendizaje de lenguajes y conceptos; enseñanza de la historia y reproducción de habilidades para resolver problemas. Se pusieron en marcha programas compensatorios para las regiones indígenas y apartadas, así como en ciertas zonas pobres de las ciudades. Los efectos de esos programas contra la desigualdad se podrán observar pronto y tal vez arrojen saldos positivos; sin embargo, son insuficientes para abatir las inequidades.

Asimismo hubo avances en las reformas de la enseñanza media, aunque no a la altura de los requerimientos de la economía abierta y los retos de la globalización. Empezó la evaluación de la educación superior y creció el apoyo al desarrollo de la ciencia y la tecnología, pero es aún insuficiente. Se estimuló la participación social en la educación, aun cuando no existen las bases materiales para que la sociedad responda a la convocatoria ni el gobierno ha empezado a levantar el andamiaje institucional necesario para ese propósito.

En fin, se empezó durante 1989-1994 una reforma de gran aliento, pero todavía falta un trecho largo por recorrer para que los cambios se consoliden y la educación contribuya a hacer más equitativo el desarrollo nacional. A principios de 1996 el gobierno federal dio a conocer el Programa de Desarrollo Educativo 1995-2000, que apunta precisamente hacia reformas integradas aun cuando no prevé objetivos cuantitativos específicos.[3]

6.3. LOS ELEMENTOS DE UNA EDUCACIÓN DEL FUTURO

Antes de publicarse el Programa de Desarrollo Educativo 1995-2000 se contaba ya con elementos sustantivos relativos a las reformas necesarias. Se había previsto que la educación para una sociedad global tendría que asentarse en una organización distinta del sistema educativo mexicano. Sin que eso sea la panacea, la descentralización del sistema educativo apunta a una mayor heterogeneidad.[4] Parece ser que estados y regiones tendrán que proporcionar más a la educación y, a su vez, la educación tendrá que aportarles más. La *federalización* de la educación básica y normal es un avance considerable en la reorganización del sistema educativo mexicano. Es una reforma trascendente y su importancia no se puede negar: abre la puerta a nuevas posibilidades y a la organización de un sistema más igualitario y de mayor calidad, pero sólo abre la puerta. Mucho queda por hacer, ya que

> la capacidad efectiva que tiene el Estado para gobernar y estar a cargo de la gestión educativa está seriamente minada por el poder sindical... El problema es fundamental. Como fenómeno, además, no tiene una connotación exclusivamente centralista, sino que se repite 32 veces en las 32 entidades. A medida que se va afirmando el poder estatal mediante la federalización, se va reproduciendo también la incapacidad de gestión educativa ante el poder sindical... No se sabe si la distribución de plazas depende del sindicato o del Estado.[5]

---

[3] Poder Ejecutivo Federal, *Programa de Desarrollo Educativo 1995-2000*, Secretaría de Educación Pública, México, 1996.
[4] Véase Poder Ejecutivo Federal, *Acuerdo nacional para la modernización de la educación básica*, México, Secretaría de Educación Pública, 1992.
[5] Entrevista con el doctor Pablo Latapí, Centro de Estudios sobre la Universidad, Universidad Nacional Autónoma de México.

Este problema político tendrá que resolverse pronto para bien de la educación nacional. Mediante los consejos de participación social, cuya posibilidad de existencia plantea la Ley General de Educación, instituciones y órganos de la sociedad civil podrán intervenir para terciar y evitar más enfrentamientos entre el sindicato y el Estado. Por medio de esos consejos de participación, según Latapí, se puede crear un poder social sobre la educación y promover los derechos de los usuarios: alumnos y padres de familia. Al parecer, esos derechos han estado ausentes de la educación mexicana. El Sindicato Nacional de Trabajadores de la Educación actúa mucho más allá de lo que son sus funciones de defensa y promoción de los derechos laborales de los maestros y de despliegue de sus iniciativas educativas en las escuelas; es una herencia del corporativismo que ya no se justifica. Quizá, sin fracturarse por completo, pudiera transformarse en una federación de 32 o más agrupaciones sindicales que tuvieran autonomía para plantear sus demandas pero también para avanzar en la educación.

En síntesis, se propone un modelo de gestión descentralizado. En la construcción del poder social sobre la educación, así como del poder de gestión del Estado sobre la misma, debieran estar equilibrados los derechos gremiales y los derechos de los usuarios. Para que la colaboración de la sociedad civil sea efectiva, es conveniente que la evaluación del sistema, sus componentes y resultados sean facultad de los consejos de participación social. Así, en este modelo el gobierno federal es el rector de la educación; los gobiernos estatales administran la operación del sistema (incluidas las relaciones laborales); los consejos de participación social evalúan y, de nuevo, el gobierno central asigna recursos con base en los resultados y las necesidades sociales.

En el terreno estrictamente educativo, los niveles clásicos, básico, medio y superior, deberán ser objeto de transformaciones sustanciales si es que se desea afrontar los retos del futuro.[6] La identidad sólo será fuerte si la educación logra

---

[6] Conforme a la Ley General de Educación, la enseñanza básica cubre un año de prescolar, la primaria y tres años de secundaria. Son obligatorias la primaria y la secundaria, y el Estado tiene el deber de ofrecerla a todos quienes estén en edad de recibirla.

formar buenos ciudadanos, y habrá progreso económico si esos ciudadanos poseen conocimientos y destrezas que les permitan adaptarse a los cambios bruscos en las relaciones económicas. En el futuro las ocupaciones y las profesiones tal vez no sean ya como se conocen hoy. Los conocimientos abstractos, así como el manejo de ideas y símbolos, tendrán más valor aún que en el presente. La habilidad para sistematizar información, experimentar con cosas nuevas y actuar en situaciones de cambios acelerados, así como la colaboración con otras muchas personas en varias partes del mundo para realizar trabajos concretos, serán requisitos importantes para incrementar la productividad.

Esos cinco elementos: abstracción, sistematización, experimentación, acción y colaboración deberán acaso permear toda la educación, desde la prescolar hasta el posgrado más elevado. A pesar de que se pueden encontrar avances en los nuevos planes y programas de la educación primaria y secundaria, el eje de la enseñanza continúa descansando en los fundamentos de la pedagogía tradicional. Esta tradición acentúa la memorización y la repetición de contenidos, el papel del maestro como agente activo y el de los alumnos como sujetos pasivos. Los propósitos y contenidos de la educación básica del futuro pueden sintetizarse en la equidad y la calidad.

El término *equidad* hace referencia a juicios de valor sobre el perfil de la desigualdad social. Ésta alude a un conjunto de magnitudes económicas o de cualquier otra especie, por ejemplo educativas, en donde existan diferencias. Equidad en este sentido no significa tratar a cada uno de la misma manera; por el contrario, se asocia al concepto de justicia distributiva. La búsqueda de la equidad implica igualdad de consideración normativa para todos los miembros de una sociedad y diferenciación en el trato a quienes padezcan desventajas sociales.

6.4. La educación básica

Aunque la tarea cardinal en la educación básica es cumplir el mandato constitucional de ofrecerla a todos los habitantes de México y acabar con el rezago, debe simultáneamente mejorarse su calidad. Mantener el rezago es una fuente de inequidad social tremenda, que debería ser vergüenza nacional. Por consiguiente, el principio de equidad para el sistema educativo mexicano debe rebasar la política de igualdad de oportunidades en el acceso y profundizar en otras cuestiones decisivas: igualdad de oportunidades para permanecer en el sistema (que ya admite la ley) a quienes por razones económicas, sociales o culturales desertan de la escuela (poco más de 40% en los seis años de educación primaria), e igualdad de oportunidades de aprendizaje a los niños de todos los estratos sociales.

Para que los desertores potenciales permanezcan en el sistema educativo es necesario ampliar y reforzar los programas de becas alimentarias y otros como el de Niños en Solidaridad, además de implantar mejores programas de capacitación y empleo para los padres de familia. Con el fin de aumentar la igualdad de oportunidades de aprendizaje se deben impulsar más y mejorar los proyectos compensatorios existentes, como el Programa para Abatir el Rezago Educativo, al igual que expandir la educación inicial en los estratos pobres.[7]

La educación para los adultos y los jóvenes desertores debe ampliarse y, simultáneamente, profundizarse. Para estas modalidades, así como para la educación permanente de técnicos y profesionales, se deberán utilizar cada vez más las nuevas tecnologías de comunicaciones, radio y *multimedia*, ya disponibles y cuyos costos de operación tienden a disminuir. Pero habrá que evitar hacer un uso meramente tradicional de los instrumentos modernos. Sus programas tendrían que ser amenos, dinámicos, diseñados para gente pensante, claros e invitar a la abstracción y sistematización de los conocimientos; los usos prácticos de los saberes adquiridos los harán los adultos en su vida cotidiana: luego, los contenidos deben ser pertinentes a las necesidades de aprendizaje de los adultos, y no elaborados en órganos centrales que tiendan a la rutina y la burocratización.

[7] El Programa para Abatir el Rezago Educativo (PARE) funciona en 14 estados de la República. Consiste en canalizar recursos extraordinarios del gobierno federal (y créditos del Banco Mundial) a proyectos específicos de construcción de espacios educativos, materiales, becas para los niños más pobres y bonos para arraigar a los maestros en las comunidades. Funciona en las áreas más pobres, particularmente indígenas.

La calidad e importancia de la educación básica es una inquietud global que marca la transición de la preocupación por los números hacia la evaluación de los resultados. Hay un movimiento internacional que pugna, correctamente, por que mientras no se satisfagan los propósitos de la educación básica, las metas y los objetivos de la enseñanza media y la superior jamás se alcanzarán plenamente. Ésta fue la tesis central de la Conferencia de Educación para Todos, en Jomtien, Tailandia, en 1990.[8]

Los propósitos fundamentales de la educación básica en México deberán orientarse a cumplir las disposiciones constitucionales: en síntesis, proporcionar a los educandos los fundamentos de la nacionalidad y prepararlos para la vida futura. Además de los valores cívicos, se deberán forjar otros que permitan a la escuela contribuir a la creación de una ética del trabajo, a apreciar la belleza y a comprender el bien. El educando deberá adquirir, además, una percepción correcta del mundo externo, del resto de la humanidad como es; México no vive aislado.

En cuanto a los contenidos, se deberán reducir a lo básico, a lo fundamental.[9] Enseñar bien, pero muy bien, a leer y escribir y las nociones y operaciones aritméticas cardinales durante los primeros tres años. Estas cuestiones fundamentales preparan mejor a los estudiantes para el futuro, ya que los contenidos curriculares abigarrados y a la vez abarrotados de datos e informaciones tienen con frecuencia poco valor para la vida práctica. Si se poseen esas habilidades básicas, se podrá, del cuarto al sexto grados, ordenar la iniciación correcta a la historia, la geografía (incluida la de las regiones), la cultura y las tradiciones de México, así como sentar las

[8] Véanse, entre otros documentos, Jacques Hallak, *Education for All: High Expectations or False Hopes*, París, Instituto Internacional de Planeamiento de la Educación (IIPE), UNESCO, IIEP Contributions, núm. 5, 1991; Françoise Caillods, *La planificación de la educación en el año 2000*, París, IIEP Contributions, núm. 4, 1990, y el "Proyecto Interregional sobre la Mejora de Servicios de Educación Básica", en *La investigación del IIPE: informaciones*, agosto de 1991.

[9] Existe viejo debate entre los sociólogos acerca de la definición de lo que es básico. Lo básico es el piso, el asiento común de partida, los conocimientos necesarios que todos deberán poseer. De ninguna manera ha de pensarse que esa base sería el tope superior al que podrán aspirar quienes son víctimas de las desigualdades sociales del presente, heredadas del pasado.

bases de una mejor comprensión de la ciencia y la evolución tecnológica, la ecología y los derechos humanos. Estos temas corren el riesgo de ser banales si se introducen de manera parcial en el currículum de la educación primaria.

A partir de las reformas a los programas y contenidos de la educación básica en 1992-1994, se advierten avances curriculares para que los alumnos mejoren sus habilidades para la abstracción y la sistematización, sobre todo en matemáticas.

El nuevo currículum, que en el mejor de los casos cumple 800 horas de instrucción al año (cuando en los Estados Unidos y Canadá es de alrededor de 1 500 horas anuales), pone el acento en la enseñanza de lenguajes: español y matemáticas. Para las matemáticas se propone seguir el método de solución de problemas, que podrá conducir a la experimentación; pero no se le extiende a otras materias.

En los documentos oficiales no se encuentra una explicación del método de solución de problemas. Los materiales acerca de la formación y actualización de los docentes tampoco abundan en la definición. Se supone que todo el mundo la entiende. Mas no es así: no existe método universal para la solución de los problemas. La versión más avanzada tal vez debería incluir los conceptos antes mencionados de abstracción, sistematización, experimentación, acción y elaboración; pero incorporar además los momentos de identificación, selección y énfasis.

El método persigue estimular la imaginación y que los alumnos hagan uso de sus potencialidades creativas. No todos los problemas son de la misma naturaleza, así que habría que motivar a los estudiantes a identificar cuál es el problema pertinente a la materia o tema de estudio; al momento de hacer la selección se hace el planteamiento (que requiere buena dosis de intuición e imaginación); como los problemas son complejos y presentan muchos matices, su selección debe apuntar a desenlaces viables (de ser posible que se puedan experimentar empíricamente) y a resultados observables; por esas razones se debe hacer hincapié en uno o dos aspectos del problema y no en la generalidad. Este método podría servir de base para la discusión, elaboración de respuestas y acciones sobre asuntos fundamentales de la ciencia, la ecología, los derechos humanos y la vida comunitaria. Este tipo de enseñanza prepara para la vida, pero demanda aprendizaje y asimilación de lenguajes, instrumentos de comunicación y colaboración entre individuos. Si se subraya el aprendizaje de los lenguajes y de las nociones primordiales de la vida, la sociedad y la cultura, con enfoques que desarrollen el intelecto, se podrá lograr que desde temprano los niños asuman ciertos procesos de abstracción. Por desgracia, en el nuevo plan de estudios las materias fundamentales para el desarrollo de la vida cívica, de aptitudes psicomotrices y de maduración de la sensibilidad intelectual desempeñan un papel menor en el currículum: la educación cívica y las actividades artísticas tienen apenas 40 horas al año, en tanto que la educación física casi se deja a la buena disposición de los maestros.[10] La solución no reside en disminuir las horas dedicadas a matemáticas y español, sino en aumentar las horas de clase al año y elaborar un modelo nuevo de gestión escolar.[11]

La enseñanza de la historia patria es indispensable para salvaguardar y acrecentar la identidad nacional. En 1992 se desencadenó un debate acerca de los libros de texto en esta materia. Más allá de las diatribas que provocó, la amplitud e intensidad de la controversia fueron muestra del interés que la sociedad mantiene por la educación y la historia. La historia que se imparta en la escuela primaria debe ser edificante, es decir, ser útil para incorporar a las mayorías de la nación, para inculcar rasgos de pertenencia, sentimientos de adhesión a la mexicanidad y contribuir a forjar el espíritu nacional. Por esa razón se debe presentar lo mejor del pasado nacional, aun cuando sea inevitable que lo peor también se revele. La historia analítica, la que presente a los hombres de carne y hueso, se considera oficialmente que debe ser para los historiadores y otros profesionales. En la educación primaria y secundaria la historia debe servir para el fortalecimiento de la identidad nacional.[12]

[10] Secretaría de Educación Pública, *Primaria: plan y programas de estudio*, México, SEP, 1993, pp. 13-14.
[11] Entrevista con la doctora María de Ibarrola, Departamento de Estudios Educativos, Centro de Investigación y Estudios Avanzados, adscrito al Instituto Politécnico Nacional, 24 de junio de 1994.
[12] No hay que confundir la historia edificante con la pragmática. La se-

Una de las deficiencias más graves de la educación mexicana es que no tiene mecanismos que permitan a los alumnos sistematizar lo que aprenden, debido a la insistencia en la memorización. Si se pudiera lograr que los niños conocieran los colores y las combinaciones numéricas elementales más importantes y se les motivara en forma adecuada, tal vez pudieran ellos mismos elaborar modelos, cuadros básicos y hasta fórmulas que para los adultos de hoy parezcan obvias, es decir, llevar a cabo experimentos. Si además se les proporcionaran mecanismos que les permitieran identificar problemas prácticos y se les indujera a su resolución, en colaboración con sus compañeros, sus conocimientos serían perdurables. Tal vez eso permita tener estudiantes más independientes y motivados para el trabajo, con mayor iniciativa y, en consecuencia, mejor preparados para afrontar los desafíos del porvenir.

Por supuesto que todo lo anterior demanda algo mucho más profundo que la reforma de los planes de estudio, la mejoría de los libros de texto y la restructuración del sistema educativo. Estos pasos son decisivos, pero insuficientes para la educación del futuro. Lo más importante, a juicio de los expertos entrevistados, es la formación y actualización permanente de los maestros. Quizás el error histórico de la Secretaría de Educación Pública haya sido que siempre ha intentado controlar a los maestros, perdiendo así el control de los contenidos y la sustancia de la educación. Si se desea hacer una reforma profunda de la educación (en realidad, cualquier tipo de reforma educativa), se debe conquistar para la causa a la mayoría de los maestros (no necesariamente a sus sindicatos).

El magisterio mexicano se encuentra en una situación contradictoria: se le encomienda a los hijos pero no se le reconoce plenamente su trabajo; se le exige responsabilidad y diligencia, y sin embargo no se le paga bien; se le brindan piezas oratorias grandilocuentes el 15 de mayo, Día del Maestro, mas no se admite plenamente que los maestros son profe-

gunda equivale a poner la historia al servicio del grupo dirigente; la primera es la que se imparte en casi todos los sistemas educativos del mundo. La frontera entre ambas, sin embargo, no siempre puede establecerse con nitidez.

sionales. Por su parte, el magisterio se considera el mentor eficiente de la niñez, aunque padezca de una ideología corporativista cerrada que en principio rechaza ideas, teorías y prácticas de otros profesionales; exige reconocimiento a su deber, mas no muestra una ética del trabajo que se reproduzca en las aulas; demanda un salario profesional al gobierno y a la sociedad, pero hace poco por convencer a ésta de su profesionalismo.

En las condiciones actuales y futuras de México se tendrá que recompensar mejor a los maestros, pero se les deberá exigir mucho más. La formación del magisterio tendrá que ser de mayor calidad, pero también de naturaleza distinta; deberá constituir un desafío intelectual y motivarlo para un trabajo mucho más creativo que el que efectúa en la actualidad. El reconocimiento social al quehacer de los maestros se dará siempre y cuando, a cambio de su disposición gremialista, asuman actitudes de apertura y comprensión hacia muchos otros profesionales que se ocupan de la educación. Como señalan dos agudos observadores, "existe un divorcio entre la producción sustantiva de la pedagogía, la psicología educativa o las ciencias de la educación y lo que ocurre en el sistema educativo en general".[13] Además, los maestros tienen que demostrar con hechos que su ética de trabajo se reproduce en el salón de clase: siendo puntuales, cumplidos, honestos y diligentes, atributos que necesitan todos los ciudadanos, no solamente los maestros. Aunque los salarios de los maestros están ligados a la política salarial general que afecta a todos los servidores públicos y a la fuerza de trabajo de calificaciones medianas y bajas, sus ingresos —que incluyen además nuevas modalidades de pago— avanzaron entre 1989 y 1994 más que los de otros profesionales y empleados, tanto en el sector público como en el privado. Si bien en el cálculo respectivo se partió de una base muy baja, los ajustes sucesivos fueron de más de 100% en términos reales durante el periodo indicado.

En los debates de 1993 en el Congreso federal sobre la Ley General de Educación quedó pendiente el papel de los medios

[13] Entrevista con la doctora Sylvia Schmelkes y el doctor Luis Morfín, Centro de Estudios Educativos, A. C., 2 de junio de 1994.

de comunicación; sólo se indica que contribuirán al logro de las finalidades de la educación, de acuerdo con los mismos criterios que marca la ley. Es decir, no tienen ninguna obligación formal. Para prosperar en la senda de una mejor educación, los medios pueden desempeñar un papel muy significativo, no enseñando matemáticas o asignaturas abstractas pero sí la formación de la nacionalidad, la toma de conciencia del deterioro del medio ambiente, el apoyo activo a campañas de salud pública, de orientación sobre políticas de población y muchos otros temas: idiomas —empezando por obligar a los locutores a que se expresen correctamente— geografía, tradiciones culturales y otros.[14]

En otro sentido y con fines rigurosamente pedagógicos, se puede, como ya está en proyecto, contar con canales de televisión y tiempos de los sistemas de satélites mexicanos exclusivos para programas de enseñanza y culturales, principalmente para la educación de los adultos, la capacitación del magisterio y la ampliación de la telesecundaria, buscando realizar programas más amenos; también podrían abrirse espacios para la actualización profesional, los diálogos entre científicos e intelectuales y muchos propósitos más. Poner a trabajar a la tecnología para fines humanísticos, como lo es la educación, puede contribuir a una estrategia de desarrollo todavía inédita en el país.

6.5. Capacitación para el trabajo

La promoción del desarrollo sustentable y equitativo demanda que en plazos relativamente breves se capacite a millones de miembros de la fuerza de trabajo que quedaron fuera de la escuela por razones económicas, sociales o culturales o porque llegaron a la edad escolar antes de la expansión del sistema educativo. Además, para competir en el mercado global se requiere de cientos de miles de operarios y supervisores competentes que se deben formar en poco tiempo. Esto entraña reformar y hacer flexible la enseñanza vocacional, ampliar su oferta, mejorar sus servicios y vincularla aún más

[14] Entrevista citada con la doctora María de Ibarrola.

con la dinámica del mercado de trabajo y los cambios en la demanda de trabajadores. Se necesitará usar intensamente las nuevas tecnologías de la información y la comunicación para avanzar a pasos rápidos en la capacitación y actualización de habilidades y saberes de los trabajadores. Deberá entenderse que la educación y la capacitación no se contraponen, sino que se complementan, y de hecho están muy entrelazadas, como en los países que han elevado con rapidez el nivel técnico medio de su población activa.

Hay indicios de que en breve se dará a este renglón la importancia que merece. Si se diseñan buenos programas, se establecen nuevas instituciones que experimenten con métodos flexibles, que motiven a los trabajadores, con buenos instructores y excelentes materiales de enseñanza y adiestramiento, es posible que mejore la productividad global del trabajo. Como en el caso de la educación básica, debe ponerse fuerte acento en la formación de los formadores por su efecto multiplicador. Si la capacitación abarca además a grandes segmentos de población, si el mercado laboral responde con mejores salarios y si los gremios obreros cooperan, la capacitación será un instrumento privilegiado para mejorar las condiciones de vida de los trabajadores.

A partir de 1970, la Ley General del Trabajo excluyó la posibilidad de que las empresas reciban aprendices. No obstante, debe reconocerse que el aprendizaje se practica en muchos países y es un mecanismo valioso para elevar los niveles de calificación y capacitación. Existe abundante literatura al respecto en la Organización Internacional del Trabajo (OIT) y en la Organización para la Cooperación y Desarrollo Económicos (OCDE).

La capacitación no deberá circunscribirse a la mano de obra industrial y de servicios. Hacen falta gerentes, tecnólogos y científicos que requieren capacitarse a plazos cortos y en áreas de vanguardia como son las ciencias de los materiales, la informática, la electrónica y otras apoyadas en los avances del rayo láser, las cuales tienen efectos difusores amplios.[15] Estas nue-

---

[15] Véase Martin Carnoy, Fernando Henrique Cardoso y coautores, *Reflections on the New World Economy*, Universidad Stanford, mimeografiado, 1992.

vas tecnologías tendrán que dañar menos el ambiente, consumir poca energía y requerir inversiones de capital que se deprecien en tiempos relativamente largos. Igualmente, habrá que adiestrar a miles de técnicos y promotores del ambiente, la salud pública y las políticas de población (consejeros y asesores de la familia), los derechos humanos y muchas otras cuestiones de valor social que una estrategia de desarrollo sustentable y equitativo demanda para ampliar la vida democrática.

6.6. La educación media

La educación media es tal vez la más infortunada. Su misión es nebulosa: debe continuar con la preparación de los futuros ciudadanos y, además, orientarlos hacia actividades productivas. Y no hace bien ni una cosa ni la otra. Recibe a niños que en su seno se convierten en adolescentes y, al final del ciclo, se inician en la juventud. Es el periodo más difícil de la vida, es la edad de transformaciones biológicas y psicológicas perdurables; sin embargo, es cuando se dispone de menos recursos para apoyar a los futuros jóvenes. Al mismo tiempo que los niños se enfrentan a los cambios de la pubertad, pasan de la primaria a la secundaria y, súbitamente, en lugar de un maestro o maestra tienen siete u ocho; en vez de horarios corridos con recreos, se enfrentan a tiempos discontinuos y a veces en diferentes aulas; se espera que lleven a cabo actividades más complejas, sin que se les proporcione la guía adecuada; requieren de apoyo psicológico y se les tacha de mala conducta social.

La educación secundaria y preparatoria del futuro deberá ser mucho más dinámica que la actual, aburrida y monótona; habrá de contar con laboratorios bien equipados y buenas bibliotecas. Los estudiantes por lo general no afrontan retos a su inteligencia, se les proporcionan fórmulas en lugar de incitarlos a que busquen problemas y métodos para resolverlos. Se estimula la repetición mecánica. La dispersión curricular dificulta la sistematización de los conocimientos que se transmiten y se espera que el contacto entre una materia y otra lo hagan los estudiantes de manera natural, sin auxilio. Se supone que las escuelas deben enseñar lenguas extranjeras y no lo hacen, o lo hacen deficientemente, no obstante que su dominio será un requisito indispensable para estudios futuros y el desempeño profesional. Si bien se advierte cierto grado de experimentación en talleres y laboratorios, no hay mecanismos que conduzcan a la acción de los estudiantes ni muestras de que se provoque colaboración entre ellos, aunque de manera informal lo hagan. La educación del futuro deberá superar tal situación con los atributos opuestos: diligencia, motivación interna para el trabajo, curiosidad y responsabilidad personal y colectiva.

Parece que las reformas a la enseñanza media en México han sido aplazadas para un futuro no definido aún. Este rezago relativo tiene cierta lógica: los cambios en los planes y programas de la educación básica alcanzaron hasta el tercer año de secundaria y no se han hecho evaluaciones de sus resultados. Por otra parte, en la educación media superior la dispersión curricular es colosal: más de 200 planes de estudio diferentes, a veces completamente separados unos de otros. Más que flexibilidad, se observa caos.

La tarea urgente es sistematizar la enseñanza media superior en tres tipos fundamentales: el bachillerato propedéutico universitario, el bachillerato tecnológico y la enseñanza terminal que prevea un enfoque vocacional claro y orientado a las nuevas tecnologías. Quizá valdría la pena tomar en serio, además, la recomendación de un grupo de expertos de la OCDE, en su informe sobre la ciencia y la tecnología en México, de separar las preparatorias de las universidades creando un bachillerato nacional, como ocurre en los países europeos.[16] Es conveniente plantear un debate nacional sobre este asunto que sea plural, serio y que tenga en mira elevar la calidad de la educación media y superior.

6.7. La educación impartida por el sector privado

Las diferencias y posiciones opuestas entre la educación pública y la privada pasan rápidamente a la historia: los retos

---

[16] OCDE, *Reviews of National Science and Technology Policy: Mexico*, Parte II, Informe de los evaluadores, p. 155, París, 1994.

de la economía global y los anhelos de una estrategia de desarrollo sustentable y equitativo, ante necesidades tan grandes, exigen la colaboración entre ambos sectores. La inversión privada en la educación es muy pequeña, en parte por la inseguridad jurídica (que desapareció con las reformas del artículo 3° constitucional en 1992), pero también por la falta de estímulos y visión de largo plazo de los dos sectores. Hay espacio suficiente para ambas modalidades. El sector privado controla alrededor de 10% de la matrícula total del sistema educativo de México; su contribución al gasto es inferior a 7% del total. En términos generales, salvo una minoría de planteles que prestan servicios de calidad a una elite y donde la eficiencia terminal es elevada, las instituciones de educación privadas padecen de los mismos problemas que las públicas y sus métodos de enseñanza no son distintos. Una proporción significativa de los planteles privados está montada simplemente como negocio, no como instrumento cualitativo de la educación y la formación.

El sector privado deberá crecer e implantar reformas a sus programas y métodos. El Estado puede motivar una mayor inversión privada en la educación por medio de estímulos fiscales y una participación mayor en el gasto de los particulares mediante deducibilidad del costo de las colegiaturas y de los materiales escolares de los ingresos gravables por el impuesto sobre la renta. El aumentar la participación privada en el gasto educativo nacional fortalecería al sistema porque descargaría al Estado (Federación, estados y municipios) de brindar servicios públicos a quienes puedan pagar por ellos, lo cual refuerza el principio de equidad y sería un paso adelante en la justicia distributiva.

La distinción entre escuelas públicas y privadas tiende a ser insustancial y deben homologarse sus currícula; la diferencia importante en el futuro será entre escuelas buenas y malas. El reto fundamental será ofrecer una educación pública de calidad a todos quienes estén en la edad de recibirla, valiosa para la vida, en todos los niveles y modalidades.

6.8. La educación superior

Si la reproducción de los valores cívicos fundamentales corresponde a la educación primaria, el desarrollo de conocimientos más abstractos y rasgos personales de mayor independencia se debe engendrar en la educación superior. Ésta tendrá que ser de diferente índole en el futuro: flexible y dinámica, de orientación más abierta que en la actualidad, con análisis del mundo y de las relaciones globales, con el acento puesto en el diseño de nuevos procesos y en la generación de conocimientos. En síntesis, deberá formar nuevos profesionales, quienes serán parte de las elites dirigentes del mañana.

Es casi seguro que las profesiones del porvenir serán radicalmente distintas a las del presente. Las universidades e institutos superiores, si desean sobrevivir, deberán considerar en serio una transformación de su quehacer. Deberán enfocar sus actividades principales a formar profesionales de nuevo tipo, capaces de identificar y resolver problemas más complejos que los del presente, que demandarán colaboración interdisciplinaria y con sus pares en otros países. Serán profesionales que posean habilidades y destrezas para crear y transformar conocimientos, aptos para diseñar procesos productivos y para participar activa y críticamente en el cambio social y en los mercados nacional y global.

Eso demanda un trabajo enorme para cambiar las prácticas pedagógicas actuales, ya anquilosadas. Se requiere de estímulos a una mayor abstracción, sobre todo en la creación de conceptos y procedimientos innovadores; se trata de inducir procesos de aprendizaje que permitan que los estudiantes identifiquen problemas de manera sistemática, generen sus propios modelos para resolver esos problemas y actúen en consecuencia. Esto demanda armonizar la docencia y la investigación, fomentar la curiosidad y el espíritu de búsqueda. Los futuros profesionales deberán saber generar sus conocimientos o buscarlos en el lugar del mundo donde éstos se encuentren. Las recetas simples o el descansar sólo en conocimientos existentes para medio digerirlos atenta contra el futuro. En gran número de universidades de otros países se avanza en estas direcciones y se experimenta continuamente con nuevos métodos.

La comunidad científica mexicana es de dimensión relativamente reducida, en general incomprendida y mal remunerada, aunque incluye una elite que acapara muchas prerrogativas. Existen centros de excelencia, por cierto muy concentrados en la ciudad de México, pero a la vez abundan centros de calidad insuficiente. El rendimiento de la comunidad científica es en general bajo, como lo atestiguan diversos documentos recientes.[17] Es necesario diseñar y poner en práctica posgrados de nuevo tipo en áreas y disciplinas que contribuyan, entre otras cosas, a una mejor relación con el medio ambiente. En la educación de profesionales y científicos, tanto en las ciencias exactas y naturales y las ingenierías como en las ciencias sociales y las humanidades, se deberán agudizar los elementos clave de una formación integral. Para lograrlo, se requiere de nuevos posgrados y especializaciones, así como de reformas a los existentes. El gran número de posgrados en México, sobre todo en las maestrías, que han proliferado y que son una simple extensión por un año de las carreras de licenciatura, se siguen métodos pedagógicos tradicionales, como en la escuela primaria: memorización y recitación, acumulación de información sin análisis ni comprensión de los significados básicos.

Es evidente que, siguiendo tendencias ya iniciadas hace muchos años, los posgrados en México, como en otros países, no prosperarán sin cuerpos académicos de dedicación exclusiva o tiempo completo, auxiliados por laboratorios, bibliotecas y centros de documentación interconectados por medios electrónicos, así como por sistemas de vinculación de la docencia con la investigación. A la vez se requiere alumnado también de tiempo completo. Para asegurar estos objetivos será preciso incrementar en proporción importante los recursos financieros de que disponen las universidades y los ins-

[17] Por ejemplo, las frecuentes declaraciones de la Academia de la Investigación Científica, las publicaciones del Consejo Nacional de Ciencia y Tecnología (Conacyt) y otras. En el informe de la OCDE citado en la nota 16 se encontrará abundante información, tanto en el documento base allí incluido redactado por el Conacyt como en la evaluación de un grupo de expertos internacionales.

titutos de investigación calificados, de preferencia en forma de fondos patrimoniales que puedan invertirse y capitalizarse, no sólo con asignaciones presupuestales y otras del Estado, sino con el apoyo de donaciones del sector privado y de fondos del exterior. Existe ya alguna experiencia de este tipo de arreglos, aun cuando tendrá que contarse con la posibilidad de otorgar becas de posgrado en mucho mayor medida que hasta ahora, con los financiamientos adecuados, incluso por medio de los fondos patrimoniales; en esto la experiencia reciente del Conacyt ha sido un buen punto de partida. Las becas pueden administrarse de manera que tengan en cuenta distintas condiciones y modalidades, comprendidas las de autofinanciamientos parciales, sobre todo para el alumnado proveniente de los sectores más acomodados de la población.

No debe haber una división tajante entre becas de posgrado para estudios en México y para estudios en el extranjero. El sistema universitario mexicano no podrá, como ninguno del mundo, proveer todas las especialidades posibles o convenientes. En muchos casos se pueden combinar estadías en posgrados del país y profundizaciones posteriores de especialización en el extranjero; dependerá de los temas concretos. Sería además una buena práctica entrar en convenios con universidades extranjeras para que éstas asuman una parte de los elevados costos de los estudios. Los intercambios de profesores e investigadores, lo mismo entre instituciones nacionales que entre éstas y las del exterior podrán ser provechosos, como ya se ha comprobado. México no debe aislarse en absoluto de los adelantos profesionales y científicos de otras partes, por lo que los programas generales de intercambio y colaboración deberán constituir una parte esencial de los proyectos futuros de educación superior, en particular de posgrado.

Un tema importante relacionado con la educación superior es la llamada educación a distancia o permanente, ya experimentada pero no desarrollada de manera firme o adecuada. Existen sectores de la población adulta dispuestos a no dejar de aprender sistemáticamente, sin límite de edad. Para ello se necesitará mucha más participación del sector privado e incluso del empresarial.

9.9. Industria editorial, publicaciones y bibliotecas

La educación del futuro, como se ha subrayado, requiere el uso de las nuevas tecnologías de la información y las comunicaciones, pero también de instrumentos tradicionales de enseñanza, entre ellos el más antiguo: el libro. Todas las informaciones y estudios sobre la industria editorial mexicana y la circulación de libros y revistas de buen nivel indican que el libro es escaso y caro, asunto que en parte se relaciona con los bajos tirajes y los elevados costos del papel de imprenta, con la baja proporción de población que goza de alfabetismo funcional y aun con el monto limitado de la población con estudios medios y superiores. Tampoco es un artículo fácilmente disponible, dado el pequeño número de librerías y bibliotecas bien dotadas y organizadas. En cierta medida, el programa nacional de Libros de Texto para la Educación Básica contribuye a crear el hábito de la lectura a ese nivel; sin embargo, las escuelas primarias y secundarias carecen de bibliotecas adecuadas. Y lo mismo puede decirse, con contadas excepciones, de las instituciones universitarias y otras de enseñanza superior.

En consecuencia, es evidente que, para cumplir los propósitos que aquí se exponen acerca de la educación futura en México, será preciso dar un impulso fundamental y programado a largo plazo a la capacidad editorial, incluida la de las instituciones de educación superior, así como a las bibliotecas y los centros electrónicos de documentación e información. El desarrollo sustentable y equitativo demanda una pujante industria del libro y de las publicaciones científicas y profesionales cuya producción esté al alcance de las mayorías.

En cuanto a bibliotecas, se requiere una expansión masiva y de calidad, de fácil acceso para los lectores, tanto en instituciones educativas como en bibliotecas públicas estatales y locales, bajo un programa que permita iniciar acervos que, aun siendo modestos, aseguren el interés del lector y el apoyo de las comunidades locales. La escuela, desde el prescolar, y pasando por los niveles primarios, los de enseñanza media y de educación superior, debe contar con servicios de información y comunicación adecuados. En la educación superior la tecnología del aprendizaje no podrá prescindir del funcionamiento de bibliotecas y otros servicios a los estudiantes, investigadores y profesores, entre ellos la consulta a bancos de datos, el correo electrónico y los servicios de búsqueda de información. Todo ello redundará en resultados benéficos para la labor tanto de profesores e investigadores como de alumnos. Los esfuerzos ya realizados en materia de mejoramiento de bibliotecas y centros de documentación tendrán que ampliarse y, con los apoyos financieros necesarios, habrá que profesionalizar más la tarea de bibliotecarios y técnicos de la informática dirigida a estos fines.

La labor editorial de las universidades ha sido en México relativamente abundante, pero no siempre ha gozado de continuidad, y, lo que es peor, los libros, revistas y otros documentos editados tienen muy escasa circulación, en parte por los sistemas primitivos de distribución que imperan en la mayor parte en la industria editorial mexicana. Las proyecciones a futuro del sistema educativo requerirán una ampliación y mejoramiento considerables de las actividades editoriales de tipo académico, con mayor apego a normas de calidad de contenidos. Debe reconocerse, no obstante, que las universidades no deberán seguir criterios puramente comerciales, ya que la producción académica de calidad deberá tener salida por su valor intrínseco, aparte de la importancia del libro como instrumento de difusión y enseñanza.

COROLARIO

Será imposible que todos los mexicanos alcancen, al menos a corto plazo, los niveles promedio de escolaridad y de educación formal que imperan en los países industrializados y aun en otros en las regiones de menor desarrollo relativo. Sin embargo, para poder encuadrarse en el desarrollo sustentable y equitativo la meta deberá ser ambiciosa, ya que la educación ha sido siempre un componente indispensable de los procesos de crecimiento económico y desarrollo cultural y político, con mayor razón ahora que la atención al medio ambiente es otra de las más grandes prioridades junto con la democratización. Para que los mexicanos lleguen a la vida adulta y la actividad profesional imbuidos de una visión comprometida con la sociedad y hayan asimilado los rasgos personales de iniciativa, creatividad, inventiva, con capacidad de coordinación y dirección en sus actividades, se necesitará un sistema educativo que cumpla con la siguiente lista de requisitos:

i) La universalización de la enseñanza básica de calidad y vinculada a la vida real.

ii) Una educación media que modifique la orientación instrumentalista, la dispersión académica y la insuficiencia actual de atención a los educandos.

iii) Una educación superior dotada de estructuras académicas flexibles que presenten opciones al estudiante, planes y programas de estudio adecuados a los tiempos, en beneficio de alumnos diligentes y motivados para el análisis y la abstracción, con profesores e investigadores también motivados y de alta calidad.

iv) Instrumentos auxiliares asequibles, abundantes y de buena calidad, tales como laboratorios de experimentación e investigación, bibliotecas, sistemas electrónicos de comunicación, bancos de datos y documentación así como con acceso a fuentes semejantes en el extranjero.

v) Una industria editorial universitaria, y aun general, eficaz y productiva para los fines de la educación a todos los niveles y para propósitos culturales en toda su extensión.

La educación, sin embargo, no se da en el vacío. La sociedad entera deberá recibir sus beneficios, pero el proceso educativo estará también condicionado por los cambios sociales y políticos, por una parte, y por la efectividad de las estrategias de desarrollo económico y social. No bastan el talento y la voluntad individuales, o el acervo de inteligencia natural de la que está dotado todo nuevo ser que nace. Las instituciones sociales y políticas, el acceso efectivo a la educación que, entre otras cosas, depende del nivel de ingresos de la familia, la estructura de participación, el grado de marginación de la comunidad y en general de las relaciones sociales, serán determinantes de la efectividad de cualquier sistema educativo, así como éste influirá a la vez en esas condiciones. De cualquier manera, será tarea primordial de la educación desarrollar al máximo las potencialidades del individuo.

Frente a las incógnitas que plantea el desarrollo sustentable y los temores inmediatos que desata una economía abierta, la defensa de la identidad nacional descansará cada vez más en una masa de ciudadanos movidos por la idea de pertenecer a la nación, convencidos a su vez de su nacionalidad y su cultura básica. La escuela del presente, con su organización, sus principios ya desfasados y sus prácticas y métodos no acordes con las necesidades, está incapacitada para formar esos ciudadanos. La escuela del futuro, con el auxilio de las instituciones sociales y de una estrategia económica general adecuada, tendrá la responsabilidad de contribuir a los objetivos nacionales para que las generaciones sucesivas puedan construir efectivamente la sociedad justa y sustentable que se anhela.

VII. LA DIMENSIÓN CULTURAL*

INTRODUCCIÓN

LA TRANSICIÓN hacia un desarrollo sustentable y equitativo, en México como en otros países, ocupa un lugar estratégico en la dimensión cultural, ya que dirige la mirada hacia un conjunto de ámbitos de significación donde se configura y reconfigura lo social. Existen factores que pueden favorecer u obstaculizar esa transición.

A nivel global se han hecho ya algunas consideraciones generales y se han identificado algunos problemas y tendencias, en particular el fenómeno de la identidad cultural frente a los grandes cambios económicos, sociales y políticos que han estado ocurriendo en los últimos 50 años. Algunas de estas tendencias se vislumbran para las épocas por venir, sobre todo en el contexto del desarrollo sustentable y equitativo. Como ya se ha expuesto en la Primera Parte, la política cultural a nivel nacional y global estará indisolublemente ligada al concepto de desarrollo sustentable.[1]

Teniendo en cuenta estas consideraciones, el propósito del presente capítulo, referido al caso de México, es ahondar en los aspectos mexicanos de la dimensión cultural del desarrollo y tratar de examinar las interconexiones y posibles interacciones entre lo global y lo nacional.

7.1. LA DIMENSIÓN CULTURAL DEL DESARROLLO DE MÉXICO

Entendido el desarrollo cultural no sólo en función de manifestaciones artísticas o recluyéndolo en una noción espiritual

---

* Capítulo basado en parte en materiales reunidos por un grupo de trabajo cuya integración se señala en el Anexo 2.

[1] Véanse los caps. I, apartado 1.1.8, y II, apartado 2.3.3, "La interdependencia cultural".

o telúrica, sino ampliando el concepto de cultura para situarlo en un marco de referencia a la altura de los desafíos ya presentes y los que puedan esperarse en el futuro, como los expuestos en el Informe de la Comisión Mundial de Cultura y Desarrollo de la UNESCO (1995),[2] se requiere en México un verdadero proceso de integración de la cultura y el desarrollo sustentable en que prevalezca el pluralismo cultural —las culturas originarias y populares al lado de las modernas y globalizadoras, la multiplicidad étnica al lado de los consensos sobre el devenir de la sociedad mexicana, la interacción entre lo local y lo regional y nacional, y entre la sociedad nacional y la sociedad global.

La cultura lo abarca todo —la política, la economía, la vida social, la educación, la ciencia y la tecnología, las creencias, las raíces del pensamiento—. Tiene además que ver con la realidad, tanto la de la vida urbana con organización familiar orientada al consumo como la de las mayorías excluidas de la sociedad formalizada. La cultura no es un tema periférico, sino central, y como factor del desarrollo debe situarse como un campo de opciones que define el sentido de ese desarrollo. El uso de la libertad y la expresión de opciones, en suma el poner en movimiento el pensamiento crítico significa entre otras cosas dar un peso específico mayor a la cultura en la política. Se convierte en un espacio decisivo para los procesos de participación, integración y pluralismo, y ayuda a establecer vínculos entre instituciones y a plantear soluciones institucionales a la problemática del desarrollo. Permite asimismo expresar el malestar ético que produce el dominio de la economía sobre la sociedad cuando la estrategia del desarrollo resulta incapaz de ofrecer una calidad de vida adecuada a las mayorías, que es un elemento central del desarrollo sustentable. En el contexto del desarrollo sustentable destaca asimismo la necesidad de una "cultura ambiental".[3]

[2] Comisión Mundial de Cultura y Desarrollo, *Our Creative Diversity, op. cit.* (véase el cap. II, apartado 2.3.3.).

[3] En interesante documento publicado en 1980 por Centro Tepoztlán *(La formación de una cultura nacional: los valores de la Revolución mexicana)* se analiza la crisis de valores en México a la luz de la experiencia posrevolucionaria y modernista, en que se advierten acercamientos con los conceptos sobre la dimensión cultural que se adoptan en el presente estudio. Sin

En México, las perspectivas de la cuestión ambiental, hoy eje polarizador de gran parte de la problemática cultural en su sentido amplio, dependen obviamente de una evaluación crítica de lo que se haya logrado hasta ahora. La cultura nacional se enfrenta hoy a una conjugación difícil de la unidad, la diversidad y la pluralidad. Deja de ser un conjunto uniforme y totalizador de símbolos, prácticas, comportamientos, recuerdos y visiones del futuro para dar lugar a un nuevo rostro de imágenes múltiples de un espejo trizado.

Ante los retos, prevalece una realidad multicultural que podría ser obstáculo o recurso para el desarrollo sustentable. Se plantea si las culturas mexicanas están en conflicto entre ellas y si son congruentes con la sustentabilidad. ¿Habrá nuevos mestizajes, hibridaciones y sincretismos, ya gestados? ¿Las culturas regionales, locales y étnicas han sido ya afectadas de manera negativa por la estrategia de desarrollo de los últimos años y la vigente en la actualidad? La complejidad de cada uno de estos temas requeriría de un tratamiento específico y detallado; pueden, sin embargo, apuntarse brevemente algunas "líneas problemáticas" básicas para repensar las relaciones entre cultura, desarrollo y sociedad civil.

7.1.1. *Cultura y medios de comunicación*

En los últimos 40 años se ha hecho presente en México la cultura de la imagen, portadora de una fragmentación narrativa que reorganiza identidades y escenarios. No hay localidad urbana en que no abunden los receptores de televisión, con todo lo favorable o desfavorable que puedan llevar en sí los programas, que representan en gran medida información disociada y discontinua. Esta información refuerza procesos de fragmentación social en que diversos agentes compiten por imponer universos de significación a los diferentes grupos so-

embargo, aquel análisis se enmarcaba en un contexto de validez de las formulaciones básicas incorporadas a la Constitución de 1917. Desde 1980 México ha sido afectado por nuevas y profundas crisis, y la sociedad mexicana ha sido rebasada por una nueva realidad global y nacional, lo mismo en lo demográfico, lo económico, lo social, lo político y lo ambiental, a la que tendrá que hacerse frente.

ciales. Frente a los desenfrenos de los canales televisivos y la débil orientación ética de su contenido, se presenta en México una acción aún más débil del Estado y de algunos elementos del sector privado dirigida a impulsar programas e imágenes de interés cultural y constructivo, respetando por otro lado el hecho de que la televisión es una actividad comercial. Por ahora, los "comerciales" y los intereses que están detrás de ellos privan, insensiblemente, sobre las "opciones" de sello cultural.

7.1.2. *Cultura y democracia*

Frente al perfil de México en el futuro, en un contexto de desarrollo sustentable, debe admitirse que el terreno de los valores —que deben apuntalar la visión democrática— ha sido en buena parte abandonado, influido en forma inmoderada, por desgracia, por grupos excluyentes de la diversidad y la pluralidad, con prioridades centralizadas y casi absolutas que no admiten cuestionamientos. Una convivencia democrática en su pleno sentido requeriría la aceptación de diferencias y la pluralidad. Es aún largo el trayecto que México deberá recorrer. Tan sólo un incremento sustancial de los recursos del Estado destinado al área cultural y manejado con objetividad y respeto haría mucho por servir de contrapeso, aun cuando no lo suficiente, al predominio de lo económico, sobre todo en su versión economicista de tiempos recientes.

Los programas que el Estado pueda desarrollar en apoyo de las manifestaciones culturales deberán verse como inversiones redituables en la promoción de la vinculación de lo nacional con lo globalizador, sobre todo porque las crisis económicas de los últimos años han debilitado los componentes populares de la sociedad civil en formación. Algunos programas recientes, por ejemplo, los Programas de Apoyo a las Culturas Municipales y Comunitarias (PACMYC) y a las Culturas Urbanas (PACUP), han permitido consolidar algunos procesos independientes, aunque con el peligro de fomentar clientelismos. La sociedad civil tropieza con escasez de recursos y con el burocratismo patrimonialista. No se reconoce de manera adecuada, entre otras cosas, el efecto ni el potencial del avance tecnológico en el fomento de los procesos culturales locales, por ejemplo, vía satélite. En las zonas rurales se presenta una problemática compleja que, además, requiere medidas legislativas, económicas y sociales. Las reformas al artículo 27 constitucional de 1992 plantean un nuevo escenario tanto para las políticas gubernamentales como para la sociedad civil, en que los aspectos ecológicos habrán de ganar fuerza.

7.1.3. Cultura y políticas gubernamentales

Si a nivel global existen contradicciones básicas entre las estrategias económicas dominantes y las características específicas de grandes territorios del mundo en desarrollo, puede afirmarse que México no ha estado exento, en lo interno, de los mismos procesos de predominio creciente de "lo moderno" frente a las características culturales de grandes sectores de la población, sin que medie una intervención pública que suponga, en lo cultural, el diseño y ejecución de políticas de transición en que se reconozca la realidad multicultural y la autonomía que puedan reivindicar los pueblos originarios y los sujetos que tengan una especificidad constituyente de género, de generación, de espacio, de expresión, etc. La sociedad civil podría tener mayor peso en estos procesos.

7.2. LA DIMENSIÓN CULTURAL NACIONAL FRENTE A LA INTERNACIONAL

Estando hoy en el primer plano de la discusión internacional el concepto de desarrollo sustentable, México no podrá aislarse de su influencia. Por otro lado, la crisis y la incertidumbre globales afectan a México, y la perspectiva mexicana está inserta en la misma problemática con sus especificidades nacionales. Si la globalización se opone a las identidades nacionales pero éstas sobreviven y evolucionan, debiera ocurrir lo mismo en México. Las identidades regionales y locales requieren en consecuencia fortalecerse, como proceso desde abajo y como proceso auxiliado por la sociedad civil en general y por el Estado, como lo propone el Informe de la Comisión Mundial de la UNESCO sobre Cultura y Desarrollo.[4]

La cultura es el basamento de la identidad nacional, mas toda cultura que se aísla y se encierra en sí misma tiende a perecer. Las culturas que se confrontan con otras, que se mezclan, que se nutren de nuevas corrientes, de valores éticos, de ideas universales, evolucionan y se fortalecen. El proteccionismo comercial y económico que se vivió en México en época no muy lejana —que representó esencialmente aislacionismo cultural— no condujo, por fortuna, a una especie de endogamia cultural, pues la cultura nacional no estuvo jamás totalmente aislada de las corrientes mundiales. México disfruta de un prestigio establecido y tradicional como nación receptora de bienes culturales que se expresa, entre otras formas, en la traducción de obras científicas y literarias al español, en la labor editorial, en la abundante producción de piezas de teatro de autores internacionales, tanto clásicos como contemporáneos, en la generosa acogida a expresiones artísticas de todo el mundo. Además, la música mexicana se nutre de modas europeas y de otras fuentes, así como es el caso de la poesía, la novela, el cine, la pintura, las artes gráficas y, en general, todas las manifestaciones del arte.

Al mismo tiempo, México ha dado al resto del mundo expresiones e influencias similares de su propio arte, de su riqueza literaria, de sus labores científicas y de sus aportaciones a las humanidades. Ha existido un intenso intercambio con beneficios recíprocos.

Con la globalización económica, la identidad nacional puede, sin embargo, sufrir mutaciones —como ya se habían experimentado en el siglo XIX y la primera mitad del presente— y podrá evolucionar a nuevos estadios. Es preocupante de modo especial la forma imitativa en que las políticas económicas y financieras, y las que desempeña el sector empresarial, se aplican sin suficiente referencia al contexto y a las estructuras nacionales y locales. Debiera ser obvio que lo que se logre con éxito en otras naciones y otras realidades económicas no por fuerza podrá alcanzarse en el medio mexicano.

---

[4] *Op. cit.;* véase la nota 2 de este capítulo.

Las ideas venidas de fuera y de las esferas institucionales internacionales requieren valorarse, filtrarse y adaptarse a la realidad nacional; no se trata de rechazar lo extraño sino de aprovecharlo inteligentemente para los objetivos del país, y de desarrollar soluciones fincadas en experiencias propias.

A largo plazo, la identidad nacional, lejos de desaparecer, debiera tender a fundirse, con perfiles propios y específicos, en una cultura que será cada vez más compartida y tendrá aspectos universales a la vez que nacionales. Desde el siglo XVI la cultura nacional se sustentó en la incorporación de tradiciones autóctonas y de *mores* europeas. El sincretismo nacional se alimentó también de una fuerte presencia de orígenes árabes, africanos y antillanos. La cultura nacional, por otra parte, es una amalgama permanente que da lugar a expresiones particulares de regiones y grupos étnicos y sociales cuya heterogeneidad y diversidad la enriquecen a cada paso. En México existen manifestaciones culturales del norte y del sur, del centro, del occidente y del sureste, y hasta de regiones más pequeñas que comparten algo en común, pero a la vez diferente, con otras. Las diferencias le dan tono cultural propio a las regiones y al mismo tiempo fortalecen la identidad nacional y el pluralismo.

En la segunda mitad del presente siglo se ha hecho sentir de manera acentuada la influencia cultural norteamericana. Se advierte claramente en el comercio y los servicios, la organización empresarial y financiera y sobre todo en industrias como la del entretenimiento y la comunicación, así como en la de bienes culturales y en las culturas populares.[5] Ha afectado asimismo las normas de alimentación y vivienda y el sistema lugareño. Ello es motivo de preocupación en ciertos sectores y aun de alarma en otros. El mejor método para resistir las formas de influencia cultural externa cuyos efectos se con-

---

[5] Al promoverse el Tratado de Libre Comercio de América del Norte, un prestigiado investigador hizo la clara advertencia, con la experiencia previa del Acuerdo de Libre Comercio entre Canadá y los Estados Unidos, de los peligros que pudieran afrontar las industrias culturales de México ante el TLCAN. Véase Guillermo Bonfil Batalla, "Dimensiones culturales del Tratado de Libre Comercio", en Gilberto Guevara Niebla y Néstor García Canclini (coords.), *La educación y la cultura ante el Tratado de Libre Comercio*, México, Nueva Imagen, 1992, pp. 157-178.

sideran inconvenientes o hasta nocivos no es mediante el simple rechazo o el desprecio, la cerrazón o la intolerancia, sino mediante la recepción crítica y, en su caso, la adaptación que pueda ser positiva y ventajosa. Podrá incorporarse al acervo cultural mexicano lo que sea de valor universal y refutarse o rechazarse lo que denigre a la especie humana, en especial todo lo que signifique manifestaciones racistas o de superioridad de unas etnias sobre otras o de determinados grupos sociales. La herramienta más efectiva es el fortalecimiento de la cultura nacional con visión de futuro y teniendo en cuenta la inevitable globalización de la economía, que se traduce, entre otras cosas, en sistemas y modalidades de producción, distribución y comercialización, tanto internas como externas, que suponen romper moldes obsoletos y adoptar nuevos medios de comunicación y de ejecución efectiva de acciones para obtener resultados benéficos a la nación y a sus habitantes.

Como bien lo expresó Guillermo Bonfil Batalla:

> El fondo de la cuestión está precisamente en la posibilidad de realizar un futuro propio (consecuente con nuestra historia, con nuestra realidad plural, con los múltiples gérmenes de futuro que viven en las diversas culturas mexicanas) al tiempo que emparejamos el terreno de juego para que sea el mismo en que juegan Canadá y EUA. No es un problema que se limite a borrar barreras arancelarias; va mucho más allá porque implica asumir un modelo de sociedad para el futuro. Ese modelo, ¿lo estamos adoptando libre y soberanamente los mexicanos?, ¿nos es impuesto por la fuerza de las cosas, por las leyes ineluctables de la historia; por un destino indiscutiblemente manifiesto al que sólo cabe someterse fatalmente?
>
> La reflexión sobre las implicaciones culturales del TLC, desde esta perspectiva, tiene que considerar ante todo el largo plazo. No se puede priorizar la coyuntura inmediata, por urgentes que sean los problemas que plantee, sin tener muy claro hacia qué rumbo nos conducen las decisiones y las soluciones de hoy, que por su trascendencia y hondura pueden ser irreversibles. Y esto nos compete a todos, porque vamos en el mismo barco y debemos poder decir a cuál puerto queremos llegar.[6]

---

[6] *Ibid.*, pp. 177-178.

Es evidente que, a fin de fortalecer un proceso dirigido hacia el desarrollo sustentable y equitativo en el ámbito cultural, la sociedad y el Estado mexicano habrán de afrontar varios desafíos que deberán valorarse de manera conjunta con las estrategias económicas y políticas, para contribuir a la formación de una sociedad futura con democracia y equidad. El presente estudio aspira a ayudar a dilucidar esos desafíos y a señalar algunas de las formas de acometer las tareas necesarias a largo plazo. La base cultural de la nación se podrá ampliar y fortalecer, sobre todo, por la vía de una mayor y mejor escolaridad y de una congruencia más clara de los diversos objetivos del sistema educativo.[7] Deberá también proveerse una mayor oferta de bienes culturales, defenderse el patrimonio cultural de la depredación constante de que es objeto, incorporarse críticamente los bienes culturales que proporciona la humanidad. Todo ello con el fin de no caer en una dependencia cultural pasiva y de ampliar y robustecer, a la vez, las expresiones culturales propias en los medios de difusión general, dentro y fuera de la nación.

Más aún, entendida la cultura como el conjunto de las actitudes y las actividades de la sociedad y sus individuos en todos los terrenos, incluso el político y el económico, las oportunidades que se le presenten a México para lograr sus objetivos dependerán, a largo plazo, de lo que los propios mexicanos quieran hacer.

En México, como en otras partes, se requerirá la revaloración de la importancia de las personas. Será preciso también conformar de manera más precisa y equitativa el dominio de las comunidades locales sobre sus recursos, teniendo en cuenta tradiciones y a la vez innovaciones tecnológicas. El camino hacia un desarrollo sustentable y equitativo, a la vez integral, será sin duda largo, pero dependerá en mucho de lo que la propia sociedad civil sea capaz de hacer.

En suma, desarrollo cultural y desarrollo sustentable y equitativo habrán de conjugarse para lograr los objetivos de largo plazo que, en una nueva etapa de humanidad globalizadora, la sociedad mexicana quiera para su propio bienestar.

---

[7] Véase el cap. VI de este estudio, "El ámbito de la educación".

ANEXOS

ANEXO 1. BIBLIOGRAFÍA

TEMAS GLOBALES

Arizpe, Lourdes (comp.) (1996), *The Cultural Dimensions of Global Change: An Anthropological Approach*, Cultural and Development Areas, UNESCO.

Barney, Gerald O., Jane Blewett y Kristen R. Barney (1993), *Global 2000 Revisited: What Shall We Do? The Critical Issues of the 21st Century*, Arlington, Virginia, Millenium Institute.

Bhalla, A. S. (comp.) (1992), *Environment, Employment and Development*, Ginebra, World Employment Programme, International Labour Office.

Boughton, James M., y K. Sarwar Lateef (comps.) (1995), *Fifty Years After Bretton Woods: The Future of the IMF and the World Bank*, Proceedings of a Conference held in Madrid, Spain, September 29-30, 1994, Washington, International Monetary Fund y World Bank Group.

Brown, Lester R. (1995), *Who Will Feed China?: Wake-up Call for a Small Planet*, The Worldwatch Alert Series, Nueva York, Norton & Company.

———, Nicholas Lenssen y Hal Kane (1995), *Vital Signs 1995: The Trends that are Shaping Our Future*, Worldwatch Institute, Nueva York, Norton & Company.

Caillods, Françoise (1990), *La planificación de la educación en el año 2000*, París, Instituto Internacional de Planeamiento de la Educación (IIEP), Contributions núm. 4.

Carnoy, Martin, Fernando Henrique Cardoso *et al.* (1991), *Reflections on the New World Economy*, Universidad Stanford, mimeografiado.

CNUMAD (1992a), Conferencia de las Naciones Unidas sobre Medio Ambiente y Desarrollo, *Agenda 21: el Programa de Acción de Rio*, Naciones Unidas, Nueva York.

Coates, Joseph (1996), "L'avenir hautement probable: 83

hypothèses sur l'année 2025", en *Futuribles*, núm. 203, abril, París.

Cohen, Jean, y Andrew Arato (1989), *Civil Society and Political Theory*.

Colombo, Umberto (1995), "On nuclear power", en Canadian Association for the Club of Rome, *Proceedings*, Series 1, núm. 15, septiembre.

Comisión Económica para América Latina y el Caribe (CEPAL) (1992), *Equidad y transformación productiva: un enfoque integrado*, Naciones Unidas, CEPAL, Santiago de Chile.

——— (1995), *Balance preliminar de la economía de América Latina y el Caribe 1995*, Naciones Unidas, CEPAL, Documento informativo, 20 de diciembre.

Comisión Europea (1994), *L'emploi en Europe 1994*, Dirección General de Empleo, Relaciones Industriales y Asuntos Sociales, Luxemburgo, Oficina de Publicaciones de la Comunidad Europea.

Comisión Mundial del Medio Ambiente y el Desarrollo (1987), *Nuestro futuro común*, Madrid, Alianza Editorial.

Commission on Global Governance (1995), *Our Global Neighbourhood*, The Report of the Commission on Global Governance, Oxford University Press, Oxford.

Conferencia Mundial sobre Educación para Todos (1990), *Satisfacción de las necesidades básicas de aprendizaje: una visión para el decenio de 1990*, Documento de referencia, Jomtien, Tailandia, UNICEF, marzo.

Delors, Jacques *et al.* (1996), *Learning: The Treasure Within*, Report to UNESCO of the International Commission on Education for the Twenty-first Century, UNESCO, París.

Ducel, Georges (1995), "Les nouveaux risques infectieux", en *Futuribles: Analyse et prospective*, núm. 203, septiembre.

Ferrer, Aldo (1996), *Historia de la globalización: orígenes del orden económico mundial*, Fondo de Cultura Económica, México y Buenos Aires.

Fisher, Dana R. (1996), "The Paradox of the Global Information Infrastructure", en *Nautilus Bulletin*, Nautilus Institute for Security and Sustainable Development, Berkeley, California, vol. 3, núm. 1, pp. 1, 10.

Flavin, Christopher, y Odil Tunali (1996), *Climate and Hope:*

New Strategies for Stabilizing the World's Atmosphere, Worldwatch Paper núm. 130, Worldwatch Institute, Washington, junio.

Gardels, Nathan P. (comp.) (1996), *At Century's End*, La Jolla, California, ALTI Publishing.

Hoover, Kenneth H. (1996), "The Future of Conservative Capitalism", paper prepared for the Conference on "Conservatism in the North American Region: Present Trends and Perspectives", Centro de Investigaciones sobre América del Norte, México, Universidad Nacional Autónoma de México, febrero.

King, Alexander, y Bertrand Schneider (1991), *La primera revolución mundial [global]: Informe del Consejo al Club de Roma*, México, Fondo de Cultura Económica.

Hallak, Jacques (1991), *Education for All: High Expectations or False Hopes*, París, Instituto Internacional de Planeamiento de la Educación, UNESCO, IIEP, Contributions núm. 5.

―――― (1996), *Educational Challenges of the 21st Century: The Vision of Quality*, International Institute for Educational Planning, IIEP, Contributions núm. 23, París.

Hoagland, William (1995), "Solar Energy", *Scientific American*, vol. 273, núm. 3, septiembre, pp. 136-137.

InterAction Council (1996), *Communiqué of the InterAction Council, 14th Session*, Vancouver, Canadá, 19-22 de mayo.

Luck, Edward C., y Gene M. Lyons (1995), *The United Nations: Fifty Years After San Francisco: A Conference Report with Contributions by...*, Hanover, New Hampshire, The Dickey Foundation, Dartmouth University, Occasional Paper.

Maddison, Angus (1995), *Monitoring the World Economy 1820-1992*, París, OCDE, Development Centre.

Mann, Michael (1990), *Las fuentes del poder social*, México, Alianza Editorial.

―――― (1994), "The autonomous power of the State", *Archives Européennes de Sociologie*.

Naciones Unidas (1994), Fondo de las Naciones Unidas en Materia de Población (1994), *Programa de acción de la Conferencia Internacional sobre la Población y el Desarrollo*, El Cairo, 5-13 de septiembre, Naciones Unidas, A/CONF.171/L.1, 12 de mayo.

Naciones Unidas (1994), Programa de las Naciones para el

Desarrollo (PNUD), *Informe sobre desarrollo humano 1994,* México, Fondo de Cultura Económica, 1994, cuadro 18.

Naciones Unidas (1995), *World Economic and Social Survey: Current Trends and Policies in the World Economy,* United Nations, New York, Department for Economic and Social Information and Policy Analysis (United Nations Publication E.95.II.C.1).

Naciones Unidas-México (1996), *Hábitat II: La cumbre de las ciudades,* Boletín Especial del Centro de Información de las Naciones Unidas, año 2, núm. 8, 10 de agosto.

Nautilus Institute for Security and Sustainable Development (1996), "The paradox of the global information infrastructure", *Nautilus Bulletin,* vol. 3, núm. 1, Berkeley, California, febrero, pp. 1, 10.

Organización de las Naciones Unidas para el Desarrollo Industrial (1995), *Desarrollo industrial: Informe Mundial 1995,* ONUDI-Fondo de Cultura Económica, México.

Organización para la Cooperación y Desarrollo Económicos (OCDE) [1995], *The OECD Jobs Strategy: Pushing Ahead with the Strategy,* París, OCDE.

——— (1996a), *China in the 21st Century: Long-term Global Implications,* Main Issues and Summary of a Conference held on 8-9 January 1996 in Paris, OCDE, París, Doc. GD/(96) 75.

——— (1996b), *Development Co-operation: Efforts and Policies of the Members of the Development Assistance Committee,* Report by James H. Michel, Chairman, París, OCDE.

Paquot, Thierry (comp.) (1996), *Le monde des villes: panorama urbain de la planète,* París, Éditions Complexe.

Pearce, David, Edward Barbier y Anil Markandya (1990), *Sustainable Development: Economics and Environment in the Third World,* Londres, Earthscan Publications.

Pérez de Cuéllar, Javier (1995), *Our Creative Diversity,* Report of the World Commission on Culture and Development, UNESCO, París.

Platt, Anne E. (1996), *Infecting Ourselves: How Environmental and Social Disruptions Trigger Disease,* Washington, Worldwatch Institute, Worldwatch Paper núm. 129, abril.

Puchala, Donald J. (1995), *The Ethics of Globalism,* 1995 John

W. Holmes Memorial Lecture, The Academic Council of the United Nations System, Providence, Rhode Island.

Reich, Robert B. (1991), *The Work of Nations*, Nueva York, Alfred A. Knopf.

Schneider, Karen (1994), "Energy Demand in Developing Countries", *The OECD Observer*, núm. 190, octubre-noviembre, pp. 27-30.

Silver, Simon, y Dale S. Rothman (1995), *Toxics and Health: The Potential Long-term Effects of Industrial Activity*, World Resources Institute, The 2050 Project, Washington.

Strong, Maurice (1995a), *The New South: Key to a Sustainable Future*, Royal Institute of International Affairs, Londres, mimeografiado, 8 de septiembre.

——— (1995b), *International Development Challenges*, International Development Research Center, Ottawa, Canadá, 26 de octubre.

Svejnar, Jan, Oleh Havrylyshyn y Sergei K. Dubinin (1995), *Economic Transformation: The Tasks Still Ahead*, Washington, Per Jacobsson Foundation, 8 de octubre.

Tinbergen, Jan (coord.) (1977), *Reestructuración del orden internacional: Informe al Club de Roma*, México, Fondo de Cultura Económica.

Toulmin, Camilla (1955), "Combatting desertification by conventional means", en *Global Environmental Change 1995*, vol. 5, núm. 5, pp. 455-457, Instituto Internacional de Medio Ambiente y Desarrollo (IIED), Londres, pp. 455-457.

Touraine, Marisol (1996), "Le bouleversement du monde", en *Futuribles*, núm. 208, abril, París.

UNESCO (1993), *World Science Report 1993*, París, UNESCO.

——— (1994), *Futuresco: A UNESCO Bibliographical Bulletin of Future-oriented literature*, núm. 4, junio, *Culture*.

——— (1995), *International Social Science Journal 145, Fundamental Values Across Nations*, vol. XLVII, núm. 3, septiembre, UNESCO, París.

——— (1996), *World Science Report 1996*, París, UNESCO.

——— (1996), *Futuresco: The Futures of Human Rights and Democracy*, núm. 5, junio.

Weiss, Thomas G., y Leon Gordiner (comps.) (1996), *NGO's, the UN and Global Governance*, Boulder, Lynne Rienner Publishers.

Wolf, Eric R. (1996), "Global perspectives in anthropology: problems and prospects", en Lourdes Arizpe (comp.), *op. cit.*, pp. 31-43.

World Resources Institute *et al.* (1996), *World Resources 1996-1997: The Urban Environment,* Washington, World Resources Institute-The United Nations Environment Programme-The United Nations Development Programme-The World Bank, Oxford, Oxford University Press.

Worldwatch Institute (1996), *State of the World: A Worldwatch Institute Report on Progress Toward a Sustainable Society,* Nueva York, W. W. Norton.

Zeckhauser, Richard (1996), "Insurance and catastrophes", 19th Annual Lecture of the Geneva Association", en *The Geneva Papers on Risk and Insurance: Issues and Practice,* núm. 78 (año 21), enero, pp. 3-21.

Temas nacionales

Alba, Francisco (1994), "Población, economía y sociedad: ¿conflicto o convergencia en el futuro de México?", Primer Congreso Mexicano sobre Prospectiva, Centro de Estudios Prospectivos, Fundación Javier Barros Sierra, México.

Bonfil Batalla, Guillermo (1992), "Dimensiones culturales del Tratado de Libre Comercio", en Gilberto Guevara Niebla y Néstor García Canclini (coords.), *op. cit.,* pp. 157-178.

Centro Tepoztlán, A. C. (1980), *La formación de una cultura nacional: los valores de la Revolución Mexicana,* por Manuel Camacho, Arturo González Cosío, Jorge Hernández Campos, Leopoldo Solís y Eduardo Terrazas, Tepoztlán, Morelos, septiembre.

Departamento del Distrito Federal (1996), *Programa para mejorar la calidad del aire en el Valle de México 1995-2000,* Departamento del Distrito Federal-Gobierno del Estado de México-Secretaría de Medio Ambiente, Recursos Naturales y Pesca-Secretaría de Salud, marzo.

Fundación Mexicana para la Salud (1994), *Economía y salud: propuestas para el avance del sistema de salud de México. Informe final,* México.

García Canclini, Néstor (coord.) (1993), *El consumo cultural en México*, México, Consejo Nacional para la Cultura y las Artes.

García-Colín Scherer, Leopoldo, y Mariano Bauer Ephrussib (coords.) (1996), *Energía, ambiente y desarrollo sustentable (el caso de México)*, México, El Colegio Nacional-Programa Universitario de Energía, UNAM.

Glender, Alberto, y Víctor Lichtinger (1994), *La diplomacia ambiental: México y la Conferencia de las Naciones Unidas sobre Medio Ambiente y Desarrollo*, Secretaría de Relaciones Exteriores-Fondo de Cultura Económica, México.

Guevara Niebla, Gilberto (1992), *La catástrofe silenciosa*, México, Fondo de Cultura Económica.

——— y Néstor García Canclini (coords.) (1992), *La educación y la cultura ante el Tratado de Libre Comercio*, México, Nueva Imagen.

Hernández, Isabel, y Enrique Gomáriz (comps.) (1996), *Cultura y población en América Latina*, Facultad Latinoamericana de Ciencias Sociales-Fondo de las Naciones Unidas para Actividades en Materia de Población, San José, Costa Rica.

Instituto Nacional de Estadística, Geografía e Informática (1995), *Perfil estadístico de la población mexicana: una aproximación a las inequidades socioeconómicas, regionales y de género*, INEGI-Sistema Interagencial de las Naciones Unidas.

Organización para la Cooperación y Desarrollo Económicos (OCDE) (1994), *Reviews of National Science and Technology Policy: Mexico*, París.

Ornelas, Carlos (1995), *El sistema educativo mexicano: la transición de fin de siglo*, México, Fondo de Cultura Económica.

Poder Ejecutivo Federal (1992), *Acuerdo nacional para la modernización de la educación básica*, México, Secretaría de Educación Pública.

——— (1996), *Programa de desarrollo educativo 1995-2000*, México, Secretaría de Educación Pública.

——— (1996), *Programa de medio ambiente 1995-2000*, México, Secretaría de Medio Ambiente, Recursos Naturales y Pesca, 1996, 171 pp.

Reséndiz Núñez, Daniel (1996), "Las improbables condiciones del desarrollo sostenible", en García-Colín y Bauer Ephrussib (comps.), *op. cit.*, pp. 215-225.

Secretaría de Desarrollo Social (1992), *México: Informe de la situación general en materia de equilibrio ecológico y protección al ambiente 1991-1992*, México.

——— (1994), *México: Informe de la situación general en materia de equilibrio ecológico y protección del ambiente 1993-1994*, Instituto Nacional de Ecología, México.

Secretaría de Desarrollo Urbano y Ecología (1990), *Programa nacional para la protección ambiental 1990-1994*, México.

Secretaría de Educación Pública (1993), *Primaria: plan y programas de estudio*, México.

Secretaría de Gobernación (1988), *Ley General del Equilibrio Ecológico y la Protección al Ambiente*, México.

Urquidi, Víctor L. (1996), *El medio ambiente en México: diagnóstico, programas, perspectivas*, El Colegio de Sinaloa, 22 de abril, Culiacán, Sinaloa, México.

ANEXO 2. INTEGRACIÓN DE LOS GRUPOS DE TRABAJO

ÁMBITO POLÍTICO

Julio Labastida Martín del Campo (coordinador)
Miguel de la Madrid Hurtado
Carlos Castillo Peraza
José Woldenberg
   Consultores: Sofía Gallardo

ÁMBITO ECONÓMICO

Jesús Reyes Heroles (coordinador)
Emilio Carrillo Gamboa
Guillermo H. Cantú
Saúl Trejo
Ricardo Toledo
Víctor L. Urquidi
   Consultores: Gerardo M. Bueno
               Guillermo Valdés
               Alejandro Hope

ÁMBITO SOCIAL

Karen Kovacs
Guillermo H. Cantú
Ricardo Álvarez
   Consultores: Sofía Gallardo
               Víctor L. Urquidi

ÁMBITO EDUCATIVO

Carlos Ornelas (coordinador)
Fernando Elías Calles
Luis Felipe Bojalil

Julio Gutiérrez Trujillo
Consultores: Pablo Latapí
Luis Morfín
Sylvia Schmelkes
María de Ibarrola
Juan Fidel Zorrilla Alcalá
Carlos Bazdresch
Kurt Unger
Víctor L. Urquidi

ÁMBITO CULTURAL

Raúl Béjar (coordinador)
Guillermo H. Cantú
Carlos Ornelas
Sofía Gallardo
Consultores: Héctor Rosales
Víctor L. Urquidi

COORDINADOR GENERAL

Víctor L. Urquidi

ANEXO 3. LISTA DE SIGLAS*

AID	Administración del Desarrollo Internacional (Estados Unidos)
ALADI	Asociación Latinoamericana de Integración
APEC	Asociación para la Cooperación Económica en el Pacífico
ASEAN	Asociación de Naciones del Sureste de Asia
BID	Banco Interamericano de Desarrollo
BM	Banco Mundial
CEE	Comunidad Económica Europea
CEI	Comunidad de Estados Independientes
CEPAL	Comisión Económica para América Latina y el Caribe (también CEPALC)
CFI	Corporación de Financiamiento Internacional (GBM)
Conacyt	Consejo Nacional de Ciencia y Tecnología
DAC	Comité de Asistencia al Desarrollo, OCDE
FAO	Organización de las Naciones Unidas para la Agricultura y la Alimentación
FMI	Fondo Monetario Internacional
FNUAP	Fondo de Población de las Naciones Unidas
Funsalud	Fundación Mexicana para la Salud
GATT	Acuerdo General sobre Aranceles Aduaneros y Comercio
GBM	Grupo del Banco Mundial
G-7	Grupo de los Siete
IDA	Asociación para el Desarrollo Internacional (GBM)
IIEP	Instituto Internacional de Planeamiento Educativo
IPCC	Panel Internacional sobre el Cambio Climático
ODA	Asistencia para el Desarrollo de Ultramar (Overseas Development Assistance, OCDE)
OUA	Organización de la Unidad Africana
OCDE	Organización para la Cooperación y Desarrollo Económicos
OEA	Organización de los Estados Americanos
OIT	Organización Internacional del Trabajo
OLP	Organización para la Liberación de Palestina
OMC	Organización Mundial de Comercio
OMS	Organización Mundial de la Salud
ONG	Organizaciones no gubernamentales

* Se han empleado las siglas en inglés cuando son de uso más general; en los demás casos, las siglas corresponden a las empleadas en español.

ONUDI	Organización de las Naciones Unidas para el Desarrollo Industrial
OTAN	Organización del Tratado del Atlántico del Norte
PEA	Población económicamente activa
PECC	Consejo para la Cooperación Económica en el Pacífico
PIB	Producto interno bruto
PNUD	Programa de las Naciones Unidas para el Desarrollo
PNUMA	Programa de las Naciones Unidas para el Medio Ambiente
PACMYC	Programa de Apoyo a las Culturas Municipales y Comunitarias
PACUP	Programa de Apoyo a las Culturas Urbanas
TLCAN	Tratado de Libre Comerio de América del Norte
UE	Unión Europea
UNCTAD	Conferencia de las Naciones Unidas sobre Comercio y Desarrollo
UNESCO	Organización de las Naciones Unidas para la Educación, la Ciencia y la Cultura
UNICEF	Fondo de Emergencia de las Naciones Unidas para la Infancia
UNU	Universidad de las Naciones Unidas

ANEXO 4. SECCIÓN MEXICANA DEL CLUB DE ROMA, A. C.

Lista de miembros

Carlos Abedrop Dávila
Manuel Arango
Lourdes Arizpe
Miguel Basáñez
Javier Barros Valero
Luis Felipe Bojalil
Jesús Cantú Escalante
Guillermo H. Cantú
Emilio Carrillo Gamboa
Carlos Castillo Peraza
Mauricio de María y Campos
Miguel de la Madrid Hurtado
Luis Echeverría Álvarez
Fernando Elías Calles
Francisco J. Garza (Presidente)
Miguel Ángel Granados Chapa
Julio Gutiérrez Trujillo
Clara Jusidman
Karen Kovacs
Julio Labastida Martín del Campo
Alejandra Lajous
Jorge Alberto Lozoya
Hugo B. Margáin
Jorge Eduardo Navarrete
Carlos Ornelas
Fernando Pérez Correa
Jesús Reyes Heroles
Jesús Silva Herzog
Eduardo Terrazas
Ricardo Toledo
Saúl Trejo Reyes
Víctor L. Urquidi
José Woldenberg

Este libro se terminó de imprimir y encuadernar en el mes de noviembre de 2005 en Impresora y Encuadernadora Progreso, S. A. de C. V. (IEPSA), Calz. de San Lorenzo, 244; 09830 México, D. F. Se tiraron 1 000 ejemplares.